聪睿的汗

李寅
评说努尔哈赤

李寅◎著

中国工人出版社

图书在版编目（CIP）数据

聪睿的汗：李寅评说努尔哈赤 / 李寅著. —北京：中国工人出版社，2018.7
ISBN 978-7-5008-7033-3

Ⅰ.①聪… Ⅱ.①李… Ⅲ.①努尔哈赤（1559—1626）—人物研究 Ⅳ.①K827=49

中国版本图书馆CIP数据核字（2018）第169394号

聪睿的汗：李寅评说努尔哈赤

出 版 人	王娇萍
责任编辑	李 倩
责任校对	董春娜
责任印制	黄 丽
出版发行	中国工人出版社
地 址	北京市东城区鼓楼外大街45号 邮编：100120
网 址	http://www.wp-china.com
电 话	（010）62350006（总编室） （010）62005039（出版物流部） （010）62379038（社科文艺分社）
发行热线	（010）62005049 （010）62005042（传真）
经 销	各地书店
印 刷	三河市万龙印装有限公司
开 本	710毫米×1000毫米 1/16
印 张	14.75
字 数	194千字
版 次	2018年10月第1版 2018年10月第1次印刷
定 价	38.80元

序言

对于清太祖努尔哈赤，我们应该有一个正确的认识，了解其历史真面目。

首先，关于努尔哈赤帝号的称谓问题。

万历十五年（1587 年），29 岁的努尔哈赤在费阿拉城“自中称王”，但并没有称汗的记载；万历二十一年（1593 年），古勒山大捷之后，努尔哈赤名声大噪，蒙古王公对其倍加尊重，约万历三十三年（1605 年），称努尔哈赤为“昆都仑汗”，也有称“女真国聪睿恭敬汗”；直到万历四十四年（1616 年），努尔哈赤在赫图阿拉建号定都，称“覆育列国英明汗”，其间几十年，称谓不同，叫法各异。

实际上，不管怎么说，努尔哈赤都没有做过真正的帝王，“太祖”之称是儿孙对他的追尊。最重要的是，努尔哈赤在他的戎马生涯中，并没有做好登基称帝的准备。

一是疆域不稳定。虽然努尔哈赤统一了女真各部，也攻下了明朝管辖的很多大城镇，包括抚顺、开原、铁岭、沈阳、辽阳、广宁等，但是，他的领土并不稳定，偶尔还会得而复失。同时，周边的环境并不认可他的政权，尤其是朝鲜和喀尔喀蒙古，常常是首鼠两端，甚至茫然漠视其政权的存在。所以，偏安一隅的努尔哈赤政权，尚属变化之中。

二是政治纲领“狭隘”。努尔哈赤一生征战，各有口号。万历十一年（1583年），以父祖“十三副遗甲”起兵，旗号是为父祖复仇，强调一个“仇”字；万历四十六年（1618年），即天命三年，努尔哈赤以“七大恨”誓师，讨伐明朝，强调一个“恨”字。从25岁到60岁，努尔哈赤一生在“仇恨”中征战，鲜明的政治纲领帮助他取得了一个个胜利，但是，这样的纲领尚属狭隘。

三是民族政策“偏狭”。主要是针对征服区的汉人，强行让他们剃发易服，抢夺他们的财物，侮辱他们的女人，造成满汉之间的严重对立：“开原城中多节义之人，兵才及城，人争缢死，屋无虚梁，木无空枝，至有一家全节，五六岁儿亦有缢死者。”这种野蛮的民族政策，导致大批汉民或逃亡，或起义，或暴动，这是努尔哈赤偏狭民族政策所致。

四是个人形象“缺欠”。努尔哈赤以军事起家，杀伐气氛太为浓重。攻城略地，杀气腾腾，给占领区的满汉人民造成巨大的心理阴影。万历四十一年（1613年），努尔哈赤攻占乌拉城，斩杀一万人，一片血腥；万历四十六年（1618年），努尔哈赤攻下抚顺城之后，掳掠人畜三十余万，毁掉抚顺城，把文明变为废墟。《光海君日记》记载：“取财服人，皆以兵威胁之。”这种杀伐态度，不是人们愿意选择的帝王形象。

所以，努尔哈赤在当时的人们心目中，并非一个真正帝王的形象，他自己也没有为此而做好充分的准备。

其次，关于努尔哈赤的军事思想问题。

努尔哈赤是一位杰出的军事家、战略家。努尔哈赤的军事才华让人钦佩，他没有受过正规军事培训，也没有读过专业军事书籍，完全是自学成才。但是，他开动脑筋，创造性地提出军政合一的“八旗制度”，在作战中，创造出很多军事技巧。

野战中用伏兵，用疑兵，诱敌深入，驱骑驰突，集中兵力，各个击破；攻城中善谍战，用计谋，里应外合，一鼓作气，速战速决。

努尔哈赤以极高的军事天赋，攻无不破，战无不胜，创造了一个个军事神话。著名的战役有古勒山之战、哈达之战、辉发之战、乌拉之战、抚顺之战、清河之战、萨尔浒之战、叶赫之战、开原之战、铁岭之战、沈阳之战、辽阳之战、广宁之战等，无论时人还是今人，都称赞其“用兵如神”。

可是，让人无比钦佩的“常胜将军”，最终却以“宁远之役”的失败而凄凉地谢下人生大幕，这说明努尔哈赤的军事思想具有一定的局限性。细细分析，除了他晚年思想僵化、军备武器落后等原因之外，至少还有两个原因。

一是努尔哈赤不善于建立军事根据地。多年的征伐，努尔哈赤占领过很多地区，包括女真人的生活区，也包括汉人生活区；有村寨，也有城镇，不计其数。可是，努尔哈赤注重的是对人、畜、财物的掠夺，忽略的是对占领区军事基地的建置，使他在军事行动中出现了一些问题，比如孤军深入，缺乏基地援军。天命十一年（1624年）的宁远之役就是这样，军队倾巢出动，声势浩大，一拥而上，一旦出现问题，援军不到，后果不堪设想。如果围攻宁远时，他有足够的军事根据地补给军力，宁远城即使攻不下，袁崇焕也会在围困中缴械投降。但是，孤军做不到。相反，他担心明朝援军赶到对己不利，便撤军了。

二是努尔哈赤不注重汉官的智囊作用。对女真各部作战，对明军作战，对朝鲜、蒙古用兵，努尔哈赤依赖的都是他自己的军事天才，至多是兄弟子侄或五大臣等满族军功贵族们的建议，几乎没有汉官的辅佐，这就会出现问题。

比如，对袁崇焕这样一个具有军事天才的汉官，他竟茫然无知。袁崇焕的军事思想、军事技巧是什么，他一无所知。相反，袁崇焕研究了努尔哈赤，将努尔哈赤最擅长的“谍工”计谋识破，并全部予以清理，对此，努尔哈赤没有对策。

皇太极即位后，汲取了这一教训，在他的班底里吸纳了优秀的汉官范文程和洪承畴，这样，满汉结合，智慧满身，谋略上略胜乃父。

总之，我们赞赏努尔哈赤军事才华的同时，也应看到他自身固有的局限性。给读者还原一个性格鲜明、形象丰满的努尔哈赤，是历史赋予我们的责任，也是辩证唯物史观应有的态度。

是为序。

李寅

2018 年 8 月 4 日

目录

第一章　永不服输

第二章 从“而立”到“知命”

第三章 前奏曲

第四章 非常之举

第五章 功亏一篑

第六章 伤情

第一章 永不服输

努尔哈赤从出生至出道，从出道至发迹，从发迹至称汗，其间可谓荆棘丛生，历经坎坷。然而，他有一股难得的韧劲儿，今天被打倒了，明天就会站起来；或者，困难根本就打不倒他。因为，他永不服输。

绝人之路

《孟子》曰："天将降大任于斯人也，必先苦其心志，劳其筋骨，饿其体肤，空乏其身……"孟子的这句名言大家都知道，不用过多解释。那么，本文的主人公努尔哈赤，正是这一名句的最好体现，他的人生开篇体现的是一种苦苦的味道。

噩　梦

一般人都认为努尔哈赤出生于一个贵族家庭。确实，他的父亲塔克世给他的是当时女真族的一个中产之家，至少是一个小康生活吧，衣食无忧。家里面豢养着奴隶，那些挑水、砍柴、做饭等活都由这些奴隶来做。所以，在幼小的努尔哈赤眼里、在旁人眼里，他的家境很不错。

可是，事情往往不遂人愿。努尔哈赤的出身优越转瞬即逝，这让年幼的他倍感苦涩而心酸。

一是家道中落。

就像《红楼梦》中的大观园一样，原来的奢华生活在经历震荡之后衰败下来，贾府的人们树倒猢狲散。这种变故对于成人尚且难以接受，何况小孩子呢？努尔哈赤就经历了这样的变故。他的贵族生活受到了冲击，再也不能养尊处优了。

不仅如此，让努尔哈赤意想不到的是，他要为了生计像那些不堪的穷人一样苦度人生：登山捡松子，挖人参，采集野果子充饥；下河撒网打鱼；在田里辛勤地劳作；去马市进行交易等。他要吃粗陋的食物，简直难以下咽；他的住宿条件就更不讲究了，在山上，在田野，在河边，他和普通人一样，住的是简易的茅棚，并不能遮风挡雨……人世间的艰辛，他是足足地体味到了。

二是幼年丧母。

有一首歌叫《世上只有妈妈好》，其中提到“没妈的孩子像根草”。努尔哈赤深深体味了没妈的苦涩滋味。《满洲实录》这样记录道：“汗十岁时丧母，继母妒之；父惑于继母言，遂分居。”

努尔哈赤 10 岁时，亲生母亲去世了。考证史料，努尔哈赤的亲生母亲叫额穆奇，姓喜塔腊，她有一个可怕的出身。额穆奇的父亲是王杲（喜塔腊·阿古），明朝末期为建州女真头领，官至建州右卫都督。本来，王杲令族人侧目，地位煊赫。可是，他卷入了与明朝的政治和军事斗争，大肆杀戮明朝将领。万历二年（1571 年），明将李成梁率军攻打建州，王杲被擒，在北京被凌迟处死。

额穆奇出嫁塔克世后，共生育了四个子女：长子努尔哈赤、三子舒尔哈齐、四子雅尔哈齐和一个女儿。

尽管额穆奇生育频繁，深得夫宠，但是，到隆庆二年（1568 年），努尔哈赤 10 岁的时候，额穆奇病逝了。她的死，让年幼的努尔哈赤不知所他要为了生计而像那些不堪的穷人一样苦度人生：登山拾松子，挖人参，采集野果子充饥；下河撒网打鱼；在田里辛勤地劳作；去马市进行交易。

李寅语录

有一首歌叫《世上只有妈妈好》，其中提到『没妈的孩子像根草』。努尔哈赤深深体味了没妈的苦涩滋味。

措，漫长的人生之路从此要靠自己走下去了。

果然，额穆奇去世后，继母恳哲（那拉氏）主持家务。这个女人虽然仅仅生育了一个儿子，在家里却专横跋扈，尤其歧视努尔哈赤兄弟。恳哲担心财产落入别人之手，便处心积虑地陷害努尔哈赤。努尔哈赤的父亲塔克世是个怕老婆的懦夫，不仅不为孩子们做主，反而与恶妻一道，歧视自己的亲骨肉。

努尔哈赤感到天都要塌了，漫漫人生路，该怎么走呢？他跑出家门，伏在母亲的坟头上，放声大哭：“老天爷，难道真的要绝人之路吗？”

三是寄人篱下。

生母去世之后，努尔哈赤遭到继母的白眼，在家里待不下去了，不得已，便带着三弟舒尔哈齐来到了外祖父王杲的家里，过起了寄人篱下的生活。按说王杲作为外祖父，应该理解、善待自己的外孙，可是，王杲却把自己的外孙看作家奴，《明神宗实录》明确记录：“奴酋，原系王杲家奴。”

这就太悲惨了。俗话说“屋漏偏逢连夜雨”，生母离世，继母歧视；唯一的依靠外祖父王杲又把他当作家奴使唤。亲人的冷漠，世道的炎凉，努尔哈赤全部感受到了。

到这里，大家可能以为努尔哈赤的霉运到头了。也是，一个人再倒霉，还能怎样？！可这霉运并没完，更倒霉的事情发生了。万历二年（1574年），明朝总兵李成梁攻打王杲城堡。当时，努尔哈赤正在王杲家里，城破之时，努尔哈赤兄弟双双被俘。

这个时候的努尔哈赤，真是走投无路了。

幸运之神

说起来奇怪，努尔哈赤居然和女人产生了不解之缘，尤其是他和禽兽之间竟然也有着剪不断的情缘，究竟是怎么回事呢？这要从他寄人篱下讲起。

努尔哈赤由于受到继母恳哲的排斥，不得已与三弟寄养在外公王杲家里。可是，王杲遭到李成梁的攻击，被俘押往京师，同时被俘的还有努尔哈赤。

被敌兵俘虏，这对努尔哈赤来说，简直就是奇耻大辱，他首先想到的就是自杀，所谓“士可杀不可辱”，在青年的努尔哈赤心中是有底线的。可是，他没能如愿。

李成梁相中了这个青年。《辽筹》这样记载：“太祖既长，身长八尺，智力过人，隶成梁标下；每战必先登，屡立功，成梁厚待之。”

文献中说得再明确不过了，努尔哈赤本人非常优秀，深深吸引了敌将李成梁。李成梁喜欢得不得了，有资料记载李成梁甚至想把他收为近侍，伺候自己。看来，这个努尔哈赤非常机灵聪明，他的才干赢得了认可。

于是，努尔哈赤又有了新的“家”，他在李成梁麾下服役三年。在这里，李成梁处处照顾这个青年，给他提供一切方便，只因为他太喜欢了。在帅府上下，大家都非常忌妒，在人们眼里，他们之间简直就是“谊同父子”。

可是，这只是李成梁的一厢情愿而已。这个青年与他离心离德，不仅如此，由于外公王杲被杀，努尔哈赤怀恨在心，时机一旦成熟，他会报仇雪耻的。

事也凑巧，李成梁和努尔哈赤之间的关系，很快发生了逆转，有两个原因。

其一，他是心腹大患。这源于努尔哈赤独特的生理特征，传闻，一次李成梁洗脚，他向自己的小妾炫耀道：“你说，我为什么能当这么大的官呀？”小妾不解，李成梁指着自己的脚掌说：“就是这七颗黑痣给我带来了幸运。”谁知小妾却不以为然：“这算什么？努尔哈赤的脚心上长了七颗红痣呢。”

李成梁一听，大惊失色，七颗红痣，这是天子之相啊。他吓出了一身冷汗，马上密奏朝廷，并决定秘密逮捕他，向朝廷邀功请赏。

其二，他是李成梁的情敌。说来可笑，李成梁的小妾与年轻的努尔哈赤居然日久生情。也是，英雄爱美人，美人当然也喜欢英雄。努尔哈赤的才干、俊朗的外貌、谦恭的态度，无不深深吸引了这个女人。而这一切，被多疑的李成梁看在眼里。

这两点就够了，李成梁卧榻之旁岂能允许他的存在？努尔哈赤危在旦夕。

是这个女人舍己救了他，她用行动来保护、报答这个自己爱的青年。于是，努尔哈赤得以伺机逃脱。

可是，这谈何容易！那是在虎口之中，侥幸必须具备充足的条件，否则，他一定会成为刀下之鬼。在这里，就是那些禽兽拯救了努尔哈赤，成为他的“救命恩人”。

1. 大青马。努尔哈赤脱逃，离不开这个，它是女真人的挚爱。耕作的时候，它是劳动力；出行的时候，它是交通工具。努尔哈赤连夜逃跑，多亏了大青马。夜行百里，兼程不息，只要有一口气，它就驮着主人奔跑，最终它累死了，但救了主人。

2. 大黄狗。在满洲人眼里，狗的意义是非凡的：它既可以看家护院，又可以为主人引路，具有很强的实用性。对出逃的努尔哈赤来说，这个大黄狗就起到了引路的作用。也有一种说法，当李成梁放火烧山，企图烧死

努尔哈赤的时候，是大黄狗一次次往返于河边，用自己湿漉漉的身体，扑灭山火，挽救了主人的性命。

3. 乌鸦。这种禽鸟，我们汉族人不喜欢，大家常听到“乌鸦嘴”这样的话，也常看到影视作品中乌鸦出现在坟地里，发出悲哀而凄凉的叫声，让人们毛骨悚然，谁会喜欢这个黑色的禽类呢？然而，有资料记载，乌鸦救过努尔哈赤的性命。李成梁穷追不舍的时候，努尔哈赤又饥又渴，晕倒在险坡之上，眼看敌兵将至，努尔哈赤岌岌可危，一群乌鸦飞过来，稳稳地、严严地覆盖住了努尔哈赤。李成梁讨厌这些乌鸦，不想多看一眼，便鸣金收兵。努尔哈赤逃过一劫。

所以，我们看，努尔哈赤这个尊贵的帝王，居然与女人和禽兽有着不解之缘，是女人、大青马、大黄狗、乌鸦救了他的性命，才使他有机会活下来，施展他的政治抱负，开启这个民族崭新的时代。

这样，满洲就有了很特殊的民族习俗：不吃狗肉，不穿狗皮；飨鸦雀，在门前的索罗杆子上装置木斗，内盛五谷及其他食物，以飨乌鸦。

迷 惘

对努尔哈赤来说，幼年、青年时代，真是没有美好的回忆。生母的离世，继母的寡恩，外公的薄情，人间冷暖，让这个年轻人过早成熟了。这都不算什么，关键是，在他坎坷前行的时候，不幸突然降临，让他措手不及。

先是外公王杲被杀身死。王杲因为屡次与明朝作对，遭到李成梁的攻击。王杲兵败后，逃往哈达部，却被人出卖，献给了明将李成梁。李成梁大喜，便绑了王杲，押往京师，最终，在京师将其凌迟处死。努尔哈赤听到这个消息，极为震惊，虽然他和外公之间殊少感情，但是，一旦生死别离，那种仇恨的情绪便迅速蔓延开来。

按说，以这点儿仇恨的情绪，努尔哈赤并不会产生复仇的动力。动力不足，主要是他和外公之间的感情淡漠，这是关键。可是，接下来，努尔哈赤遇到了一件意想不到的事情：他的父亲塔克世、祖父觉昌安被明军杀死！这简直就是晴天霹雳，努尔哈赤难以接受。无缘无故，这两个人怎么会被明军杀死呢？

原来是一个叫尼堪外兰的家伙，导致努尔哈赤父祖被杀。

尼堪外兰是图伦城城主，这个人很狡猾，深得明朝信赖。

王杲被杀之后，他的儿子阿台子承父业，以古勒寨为根据地，继续开展反抗明朝的斗争。李成梁求功心切，企图一举歼灭阿台。怎奈阿台英勇抵抗，李成梁攻打两昼夜仍未攻下，一筹莫展，便迁怒于尼堪外兰。

这时，努尔哈赤的祖父觉昌安、父亲塔克世双双来到古勒寨，爷俩儿想劝说阿台投降，以挽救城中百姓，免遭战火。同时，觉昌安也有一点私心，就是顺便救出自己的孙女（阿台的妻子），祖孙团圆。可是，阿台不识好歹，不但不听从劝阻，反而扣下了觉昌安父子俩。

也就是这个时候，狡猾的尼堪外兰要起了阴谋，他对着古勒寨大声喊道：“谁杀死阿台，将来就让谁做城主！”这一招儿果然很灵，古勒寨城民迅速倒戈，杀死了阿台，开城迎敌。

可是，古勒寨人上当了，李成梁进城之后，翻脸不认人，不仅自食其言，而且大开杀戒，2200多名百姓被无辜杀害。可悲的是，努尔哈赤的父祖觉昌安和塔克世也不幸遇难：觉昌安被火烧死，塔克世被乱军杀害。

噩耗传来，努尔哈赤极为愤怒，谁杀死了他的父祖，谁就是他不共戴天的仇敌。可是，谁是杀死努尔哈赤父祖的罪魁祸首呢？努尔哈赤决定兴师问罪。

他先向明朝廷问罪，大加责怪明朝不分青红皂白：“我的父祖没犯任何错误，为何遭到你们杀害？！”明朝廷惧怕事情闹大，便匆忙派人解释道：“非有意也，误耳。”于是，朝廷赶忙做出姿态：归还努尔哈赤父祖的遗体，敕书三十道，马三十匹，并准许努尔哈赤承袭父职，任建州左卫指挥。

很明显，努尔哈赤责怪明朝廷的做法是盲目的，明朝那么强大，以他的实力，远不能敌，如果一意孤行，一定会吃大亏的。努尔哈赤经过分析，很快了解到了这一点。

好汉不吃眼前亏，努尔哈赤转而宣布：“杀我父祖者，实际上就是尼堪外兰！”努尔哈赤一口认定，若不是尼堪外兰唆使，古勒寨的百姓就不会上当，明军就不会破城乱杀，一句话，尼堪外兰是罪魁祸首。人们并不明白，这个把目标锁定在尼堪外兰身上的努尔哈赤究竟要干什么。

明朝廷舒了一口气，努尔哈赤没把目标锁定在朝廷身上。但是，朝廷是明确的，他们非常讨厌这个青年，在仕途上，在经济上，在人脉上，每条道路都给他堵死了，这让年轻的努尔哈赤倍感窒息，前途迷茫，他扪心自问：未来的道路要怎么走呢？

众叛亲离

努尔哈赤做梦都没有想到，他以“正义之师”揭竿而起的时候，遭遇了空前的阻力，无论是亲朋，还是族里，大家都以仇视的目光注视着他，他成为人们要消灭掉的“众矢之的”。

妄想症

父祖被杀之后，努尔哈赤倍感孤独。朝廷的态度很明确，他们支持尼堪外兰，这是致命的处境。尼堪外兰的势力由此而愈加强大，胆子也就越来越大，他甚至要伺机杀掉努尔哈赤，以解除后顾之忧。

最让努尔哈赤揪心的是，朝廷公然威胁身处逆境的努尔哈赤，他们派出官员对努尔哈赤说：“你如果不听话，我们就会派大军援助尼堪外兰，让他打败你。”实际上，朝廷真的在暗中援助尼堪外兰，帮助他建筑坚固的城池，随时可以打败努尔哈赤。

这个时候的努尔哈赤面临着两个选择：要么认输，屈从于强大的势力；要么孤注一掷，坚决抵抗。努尔哈赤选择了后者，他会怎么办呢？

谁都没有想到，努尔哈赤居然揭竿而起，他要兴“正义之师”，讨伐敌人。

敌人是谁呢？是尼堪外兰，努尔哈赤非常肯定。

尼堪外兰这个人有两个明显特征：精通汉文化和非常识时务。

那时，一个女真人着力学习汉文化，精通汉语，了解汉人的历史和种种习俗，绝对是一种赶时髦的事情。尼堪外兰就是这种赶时髦的典型，他认为，要想站稳脚跟，要想出人头地，没有别的选择，只有精通汉语，了解汉俗。

尼堪外兰做到了，还有一点，别人望尘莫及，那就是识时务。尼堪外兰了解到，当下的关键是必须得到明朝廷的支持，才能有进步的空间。可怎么才能得到他们的支持呢？送礼，此外无他。

尼堪外兰为了巴结李成梁，多次到广宁进贡财物，最多的时候，一次就带去五十多匹好马，近百斤上等人参，数十张貂皮，大量鹿茸。这还不算，在李成梁面前，尼堪外兰低下地称他为“太爷”。除此之外，他还向其他的明朝官员行贿，以博得他们的支持。

从上述内容中我们看到，尼堪外兰基本就是一个见风使舵、能说会道的小人。

可是，尼堪外兰不明白，努尔哈赤为什么要把复仇的目标锁定在他的身上。人各有志，自己与明朝廷官员修好，拉关系，也没伤着努尔哈赤。关键是，努尔哈赤父祖是在战乱中被乱军杀死的，朝廷也已经给了他明确的答复，与自己有什么关系？所以，尼堪外兰倍感委屈，认为这不是他的错。

尼堪外兰经过缜密的思考，最终明白了，努尔哈赤之所以认定自己为头号仇敌，只有一个原因，那就是忌妒，忌妒他的势力。尼堪外兰的认识是对的，此时的他如日中天，不仅明朝廷信任他，扶持他；就连周围的女真部族人也拥护他，人们纷纷投靠尼堪外兰，这样，在他的周围就聚集了大量的势力。

相反，努尔哈赤却是门前冷落。这很正常，谁愿意投靠一个背运之人呢？向来都是这样，人心向背，以成败论英雄。

关键是，尼堪外兰居然指着努尔哈赤的鼻子说："你没有别的选择，只有投靠我，否则，你懂的。"

努尔哈赤愤怒极了，尼堪外兰杀死他的父祖，还这么羞辱他，是可忍，孰不可忍！他下定决心要杀了尼堪外兰，否则就不是爱新觉罗的子孙！

杀掉尼堪外兰，凭什么？人们听到努尔哈赤的"豪言壮语"，都只是会心一笑，大家窃窃私语："这小子得了妄想症吧？"

果然是妄想症。万历十一年（1783 年）五月，努尔哈赤焚香祷誓，宣告起兵。他以父亲塔克世的十三副遗甲为装备，带领百余人出发了。到哪里去了呢？尼堪外兰的驻地——图伦城。

旁观的人们像在看戏一样，简直不敢相信，区区一百人，就能打败强大的尼堪外兰，白日做梦吧。

努尔哈赤雄心勃勃，带着愤怒，带着仇恨，更带着梦想，冲向图伦城。他幻想着，只要杀了尼堪外兰，就可以雪深仇大恨，还可以成就一番伟业。

窝里反

真是世事难料，努尔哈赤做梦都没有想到，自己的宏图伟业一开始就遭到了至亲的反对。爱新觉罗家族发生了严重的分裂，反对派的一方义正词严地对努尔哈赤说：“我们不与你一起造反，同时，也不允许你造反！”

努尔哈赤很是吃惊，心里想：我的父祖也是你们的兄弟至亲，我们都是一家人，我家出现了这样的变故，你们作为族人，理应齐上阵，共同对敌；即使不如此，你们也不应该反对我，不应该发声吧。

可是，努尔哈赤的长祖、次祖、三祖、六祖等的子孙们，几乎是齐声说“不”。

这么多家族的人反对，形势已经岌岌可危了。这些人组团前来，坚决反对努尔哈赤起兵造反。《清太宗武皇帝实录》记载：“对神立誓，亦欲杀太祖以归之。”

资料记载，长祖、次祖、三祖六祖的子孙们，居然在祖先的灵位前盟誓，一定要设法杀掉努尔哈赤。而六祖的三个儿子康嘉、绰奇塔、觉善等居然勾结哈达部，洗劫努尔哈赤的寨所。

在这个反对派家族中，最典型的就是龙敦兄弟。

龙敦的父亲是索长阿。

索长阿（1523—1584 年），兴祖福满的第三子，努尔哈赤的三伯祖，后称“三祖”。成年分家后，住在河洛葛善，多次随王杲骚扰明朝边境，明朝廷所列黑名单中，称之为“建州贼首”。

在史籍中，索长阿这个人留下了令人难忘的记录。他有一个最明显的特点，那就是视财如命，也正因此，为了获得财物，他会不择手段。其中，最令人不齿的就是欺诈和暴力。

索长阿喜欢做买卖，经常去集市贸易，从中他学会了用欺诈的手段骗取财物，也养成了使用暴力恫吓的手段去威胁对方，让他们交出钱财保命的陋习。

索长阿的这种做法，影响到了他的儿子。

索长阿共有五子：长子履泰、次子务泰、三子绰齐阿珠古、四子龙敦、五子飞永敦。俗话说“父行子效”，他的孩子们多少受到了一些影响。所以，当努尔哈赤起兵之时，索长阿家族惧怕因此受到牵连，便极力反对，甚至会不择手段，威胁到努尔哈赤的安全。

长子履泰反对努尔哈赤起兵，他组织并带路袭击了努尔哈赤所属的瑚济寨，得手后，大肆抢掠，简直像对待不共戴天的仇敌一样。努尔哈赤非常愤怒，他决然带兵征讨，打进了他的城寨，将其俘获。

三子绰齐阿珠古也反对努尔哈赤起兵。他不仅自己反对，还纠集了哈达部的士兵，一起对付努尔哈赤。这让努尔哈赤大为头疼。

四子龙敦同样反对努尔哈赤起兵。说起来，这个龙敦是罪魁祸首，他在反对努尔哈赤的道路上越走越远，我们看看他都做了什么。

挑唆族人，反对努尔哈赤。他曾经唆使努尔哈赤庶母弟萨木占，率领族人将努尔哈赤的盟友、妹夫噶哈善遮杀于路，这件事对努尔哈赤的刺激很大。他还多次挑唆自己的兄弟们起来反对努尔哈赤，像大哥和三哥，都是在他的挑唆下，开始走上反对努尔哈赤的道路。

策反盟友，背叛努尔哈赤。本来，努尔哈赤起兵，集结了很多盟友，如萨尔浒城主诺米纳。开始，诺米纳与努尔哈赤有过约定，共同征讨尼堪外兰。龙敦心生一计，便先策反诺米纳的弟弟：“你看，你哥哥与努尔哈赤结盟，将来定被尼堪外兰打败，到那个时候，尼堪外兰成为建州主，你们哥俩还有好日子过吗？”诺米纳听了弟弟的挑唆，便背信弃义，当努尔哈赤出兵征讨尼堪外兰的时候，他不仅不出兵援助，还提前通风报信，使尼堪外兰逃之夭夭。

亲自出马，刺杀努尔哈赤。《清史稿·太祖本纪》这样记载：“五城族人龙敦等忌之，以畏明为辞，屡谋侵害，遣人中夜狙击，侍卫帕海死焉。额亦都、安费扬古备御甚谨。”

短短数语，我们就看到了一场血雨腥风的政变。龙敦夜间袭击努尔哈赤，努尔哈赤早有防备，而他的侍卫帕海则未能幸免。这一切，还要归功于对努尔哈赤忠心耿耿的开国大臣额亦都和安费扬古。

关于龙敦大逆不道，刺杀努尔哈赤的事，在满洲历史上还有一个动人的传说，那就是《义犬的故事》：萨尔浒大捷后，努尔哈赤大宴群臣将士，龙敦早有篡权野心，乘机将努尔哈赤灌醉，送回大帐。龙敦见努尔哈赤人事不省，周围又无人，拔钢刀欲杀之。这时，努尔哈赤养的一条大黄狗忽然窜到帐内，先咬醒努尔哈赤，再向龙敦扑去；咬伤龙敦后，被龙敦所杀，但努尔哈赤已醒，很快杀死了龙敦，平定了叛乱。于是努尔哈赤厚葬了大黄狗，并下令此后不准再吃狗肉，穿戴狗皮。

遭到族人的反对、暗算，努尔哈赤真正明白了什么叫窝里反，什么叫世事难料。

暗　杀

努尔哈赤没有想到的是，他起兵后，居然多次遭到刺客的暗杀，这让努尔哈赤震惊不已。

作为一代枭雄，努尔哈赤英勇无比，他怕什么呢？事实上不仅仅是他自己的性命堪忧，而且他的家人孩子同样受到了死亡的威胁。我们先看看努尔哈赤的家庭情况。

努尔哈赤在明万历五年（1576 年）时与佟佳氏完婚，这一年，他已经 19 岁了。按照女真人早婚的习俗，他的婚姻已经算是晚的了。接着，佟佳氏为他频繁生育：万历六年（1578 年），长女东果格格出生；万历八年（1580 年），长子褚英出生；万历十一年（1583 年），次子代善出生。也就是说，努尔哈赤在万历十一年（1583 年）五月起兵的时候，他已经是两个孩子的父亲，而佟佳氏肚子里面也正怀揣六甲，次子代善即将出世。

万历十二年（1584 年），努尔哈赤又娶进两个侧室：钮祜禄氏和兆佳氏。

至此，努尔哈赤已是子女成群，拖家带口，他的使命不仅仅是成就一番事业，还要照顾、保护好他的老婆和孩子。

然而，正在努尔哈赤向着他的目标冲刺的时候，却有人要暗杀他和他的老婆孩子。

万历十一年（1583 年），他先后遭到两次暗杀。

六月的一天夜里，努尔哈赤正在屋内休息，突然，几个黑影爬过栅栏，企图加害努尔哈赤。努尔哈赤警惕性很高，他每到夜里便用炯炯有神的双眼注视着窗外，翻墙而入的黑影早在他的视线之中，他翻身下炕，手握战刀，迅捷地出现在院落中，准备迎战。刺客见状，狼狈不堪地逃走了。

九月的一天夜里，一群刺客蜂拥而至，他们迅速拔掉努尔哈赤院落的木栅栏，惊动护院狗狂吠不止。努尔哈赤的第一反应，便是保护好已出生的三个孩子：褚英、代善和大女儿。他把他们分别藏进柜子和炕洞里。之后，便手持利剑，一跃而出，吓得刺客落荒而逃。可惜，他的家奴被刺客杀死。

万历十二年（1584 年），他连续两次险遭杀害。

这一年四月初一深夜，天色黑暗，努尔哈赤望着窗外，预感到将有大事发生，便翻身起床，洞察四周。果然，窗外传来急促的脚步声。不好，有刺客！努尔哈赤立即做好三件事：藏好子女、提刀、搭箭，严阵以待。

然后，努尔哈赤叫来佟佳氏，要她配合，做一回演员。他导演着佟佳氏。佟佳氏假装内急，匆匆赶往厕所，努尔哈赤则隐身在她的后面，迅速出门，潜伏在烟囱的后面。

刺客浑然不知，还在四处张望。努尔哈赤用刀背一下击打过去，刺客倒下了。努尔哈赤命令将他绑了，并大声喊道：“大胆贼人，竟敢来我家偷牛！”

家人们一听，一下子蒙了。主人这是怎么了？明明是刺客，却说成是贼，这不是避重就轻吗？

刺客反应极快，他赶忙回应道：“对，我不应该，我是来偷牛的，你大人大量，求求你放了我吧。”

家人们不知道，这恰恰是努尔哈赤的一个智谋，他是想通过这种办法，释放一个信号，我不想与你们为敌，你们也休想杀掉我。我们最好是井水不犯河水，免得日后互开杀戒。于是，努尔哈赤下令，释放这个贼人。

这一年五月的一天黑夜，仍然是月黑风高，努尔哈赤判断：今夜定有刺客。

果然不出所料。夜幕降临，万籁俱寂，忽然，一个黑影闪入。努尔哈赤判断准确，刺客再现。

他早有准备，迅捷装束整齐，提箭在手。然后，努尔哈赤来到院子，嘴里嘟囔着：“真倒霉，又坏肚子了。”便急急忙忙向厕所走去。他趁着夜色，用余光看见刺客向他悄悄接近。

努尔哈赤猛然转身，一支箭同时射了出去。可是，刺客也早有防备，他轻巧地躲过。可不曾想努尔哈赤再发一箭，这次射中了，射在刺客的脚上。紧接着，努尔哈赤健步上前，打昏刺客，并迅速将其捆绑起来。

努尔哈赤细审刺客，这个人他认识，是一个叫义苏的人。

大家纷纷赶来，对义苏拳打脚踢。努尔哈赤制止了大家，命人看住义苏，进到屋内商量处置之策。

大家一致认为：义苏大逆不道，应该杀了他，同时警告他的主人，让他们知晓厉害。

努尔哈赤连连摇头道："非也，恰恰相反，我们应该放了义苏。"众人不解，努尔哈赤接着道："如果我杀了他，他的主人定会兴师问罪，到时候，我们如何抵挡得住？"

大家细细想来，明白了一切。对，努尔哈赤刚刚起兵，势单力薄，他的主要敌人是尼堪外兰，如果再四处树敌，局面将非常危险。

准备好了

以常理分析，努尔哈赤面临着艰难的困境，不要说成就一番事业，就是生存下去都很困难。可是，天无绝人之路，就在他困惑迷惘之时，柳暗花明又一村，机遇与挑战同时出现，努尔哈赤准备好了一切。

传说太美

古代社会里，任何一个帝王，他的先祖，帝脉的来源，都会附会出一段美丽动人的传说，这个传说一定是神乎其神的故事。这很正常，只有神化了的东西，寻常人才难以企及，才会产生意想不到的效果。

那么，努尔哈赤的先祖究竟有着怎样一个美丽的传说呢？这个传说分三步走。

第一步是“仙女下凡”。

满洲的发祥地是白山黑水，白山就是长白山，位于吉林省的东南部，这里崇山峻岭，景色宜人；与天接壤之间，孕育了三大江河：松花江、图们江和鸭绿江。这里山环水绕，土地肥沃，是地造天成的一处宝地。

就在长白山天池东北六十里处，有一座布库里山，山下有一个湖泊叫“布尔湖里”。布尔湖里是长白山的一颗明珠，清澈的湖水，碧波荡漾。岸边松林葱郁，草木繁茂。每到夏季，野花烂漫，香飘四溢，非常迷人。

果然，这里的美景不仅吸引了女真人在此栖居，也吸引了神仙来此嬉戏。于是，一个神话诞生在了这里。

《满洲实录》这样记载：“初，天降三仙女，浴于泊。长名恩古伦，次名正古伦，三名佛古伦。”

三仙女来自天宫，她们闲来无事，想到人间散散心。来到长白山布尔湖里的岸边，没想到人间竟有如此美景，远胜天上仙境；尤其是那碧波荡漾的湖水，引发了三位仙女下水洗浴的欲望。于是，三仙女脱掉羽裳，纷纷跳入湖里，纵情其中。

第二步是“天降神果”。

这第二步是关键，因此把神与人扯上了关系。

正当三仙女在布尔湖里嬉戏之际，天空突现一只神雀，神雀的嘴里居然衔着一枚红色的果实，当然，神雀嘴里的果实，一定是神果了。

时光飞逝，三仙女在此已经玩得很嗨了，泼水、击打、翻越，各显本领，欢笑异常。可是，美好的时光总是短暂的，大姐恩古伦提醒大家：“天色已晚，我们该回去了，不然，天宫的清规戒律要惩罚我们了。”二姐正古伦和三妹佛古伦都表示赞同，虽然流连忘返，但也该回去了。

恰在此时，那只神鸟突然俯冲下来，径直降落在佛古伦的衣服上，吐出嘴里的神果，便鸣叫着升天而去，一会儿就不见了踪影。

佛古伦拿起神果，定睛观瞧，见它鲜艳无比，光亮异常，晶莹剔透，惹人喜爱。她捧在手里，嘟囔着：“把它放到哪里呢？”放到哪儿她都舍不

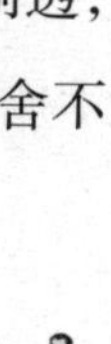

得，简直是爱不释手，干脆放到嘴里吧。

佛古伦把神果放进嘴中，结果，奇迹发生了。

第三步是“神祖降生”。

《清太祖实录》这样记载：“其果入腹中，即感而成孕。”

佛古伦吞下了神果，结果居然怀孕了。这听起来非常荒谬，一个果子怎么可能会使人怀孕呢？但是，这个故事却被载入了各种官方典籍之中，让人不得不相信。

佛古伦感觉腹内蠕动，顷刻间就已经胎大如轮，行动很不方便。怎么办呢？她看着大姐、二姐道：“我不方便走了，你们看怎么办啊？”

两个姐姐笑了，说道：“小妹不要着急，这一定是上天的安排。你吞下神果，身怀六甲，天意如此，不可违抗。等你分娩之后，再飞回天宫也不晚。”说罢，大姐、二姐飞回了天宫。留下了小妹佛古伦，在人间等待分娩。

时过不久，佛古伦分娩了，她诞下一个男婴。关键是，这个男婴非同一般。

一是相貌奇异。这个男婴既漂亮又古灵精怪，不同于普通的婴儿。

二是会说话。一般的小孩儿，至少要10个月后才会说话。可是，佛古伦所生的男婴，落地即会说话。佛古伦与之从容对话，实为亘古未有之事。

三是快速成长。男婴很快长大成人，举止非凡。

于是，佛古伦做了三件事：

第一件事是给孩子命名。佛古伦为儿子择姓为爱新觉罗，名字叫“布库里雍顺”。

第二件事是给孩子做了一只船。佛古伦用桦树为儿子制作了一只独木船。

第三件事是给儿子一个任务。佛古伦把自己从天而降，衔神果怀孕的事，一一告诉了儿子。

接着，佛古伦道：“你来到人间，是奉上天之命，前往平定叛乱，做他们的主宰！”

说完，佛古伦腾空而起，回天宫去了。

基因太强大

基因，来源于遗传。这里我说的是努尔哈赤的成长之路，一定程度上遗传了祖上的某些优秀的基因。

对于努尔哈赤的先祖，有必要依据史料，做一下简单的回顾。追踪努尔哈赤的祖先，可用四个字来概括：脉络清晰。清晰到什么程度呢？可以清晰地追踪到上世八祖，在那个年代，文字缺载，却能够追踪到那么遥远的祖上，实在是件不简单的事情。

八世祖叫范嗏。说起他，自然想到布库里雍顺，当年，由于遭到三姓人的剿杀，爱新觉罗家族几乎是全军覆没，三姓人要把他们赶尽杀绝。只有一个叫范嗏的小孩子侥幸逃生。他逃至荒野，眼看敌兵追近，无处藏身，却意外飞来一群神雀，落在范嗏的身上，覆盖得像一株枯树，迷惑了敌人，才保住了性命，也为爱新觉罗家族留下了血脉。

七世祖叫挥厚。挥厚大约出生于元代至正年间，是斡朵里万户府的万户，是本族中的大户。

六世祖叫猛哥帖木儿，后来被尊封为肇祖原皇帝。既然被后世尊奉，他的事迹就非常丰富而详尽了。

五世祖叫董山。这个人非常有智谋和才干，最明显的事迹就是在抚顺开设马市。抚顺马市的开设，对于女真来讲，意义非凡。史学家稻叶君山这样评论："非抚顺马市，则建州不得发达。"这是建州女真人与明朝进行政治、经济、文化交流的平台，促进了女真经济和文化的发展。

四世祖叫锡宝齐篇古。董山有三个儿子，锡宝齐篇古是他的小儿子，排行第三。

三世祖叫福满，清朝尊封他为兴祖直皇帝。福满光大了父祖的事业，官至都指挥使。他最大的贡献还是改变了家族涉猎游牧的生活方式，他们定居在赫图阿拉，他的六个儿子围绕着他而居。

祖父觉昌安，清朝尊封他为景祖翼皇帝。觉昌安富有智谋，决定事情非常果断，虽然排行第四，但家族事务大都由他做主。比如，觉昌安知道通过政治联姻的方式笼络对手；觉昌安运用抚顺马市这个平台发展经济，壮大势力。

父亲塔克世，清朝尊封为显祖宣皇帝。他是觉昌安的第四子，努尔哈赤的父亲。

努尔哈赤的上述八祖，一脉相传，十分清晰。这些先人的事迹，为努尔哈赤后来成就大业，提供了强大的动力，家族基因可谓十分强大。

一是积极向上的基因。

努尔哈赤的先祖，爱新觉罗家族历代以来无论处境有多艰难，都是积极向上的。比如他的六世祖猛哥帖木儿，为了家族的生存，跋山涉水，辛苦奔劳，要么迁徙他处，要么千里迢迢奔赴京师朝贡，换取朝廷的信任。这种奋斗不止的精神，一代代遗传给了他的子孙们。

二是富有智慧的基因。

可以说爱新觉罗家族里的每个人都富有智慧，他们用智慧获得生存和发展壮大的机会。

努尔哈赤的几世祖先，都在明朝获得了一定的官职，比如都指挥使，就是明朝赐给的官职。有了这个官职，不仅可以生存，还可以壮大势力。努尔哈赤的先祖，在遇到敌手非常强大的时候，会熟练地使用婚姻的方式，与之结成联盟，化敌为友。再如发展贸易的措施。努尔哈赤的先祖知晓物质是基础这个朴素唯物主义的道理，开始了抚顺马市，通过马市交易，不仅使他们开阔了眼界，还使他们获取了利益，学会了做买卖，为以后的发展积累了物质基础。还比如，发展农耕经济、弱化狩猎经济等都是努尔哈赤祖上政治智慧的体现。

三是英勇无畏的基因。

努尔哈赤身上奔流着英雄的血液。六世祖猛哥帖木儿的一生，就是征战疆场的一生，最终在宣德八年（1443 年），与敌人交战时战死沙场。五世祖董山因不满明朝廷而与之抗争，即使被捕入狱也不屈服，成化三年（1467 年）被明朝廷杀害。努尔哈赤的祖父觉昌安和父亲塔克世，更是久战沙场的大英雄。

我能，我行！

毫无疑问，努尔哈赤从出生到成长，历经坎坷，甚至遭到歧视，被人瞧不起。在时人眼里，他就是一个阿斗，就是一个瘪三，就是一文不值的“野猪皮”。

前文讲过，努尔哈赤 10 岁时，生母离世，从此他开始了艰难的生活。

上山劳作。主要是为了生计，去山上捡拾松子、蘑菇和猎取山兔、狍子等。他勇敢地钻进林海，经受住意想不到的困难。

当牛做马。努尔哈赤十五六岁的时候，就被迫离开家，甚至会成为别人的家奴。史料记载，他曾经三度为奴：

一是王杲的家奴。《明神宗实录》这样记载："奴酋，原系王杲家奴。"当时，努尔哈赤和弟弟舒尔哈齐寄于王杲门下，成为他的家奴。

二是李成梁的幼丁。万历二年（1574年），当李成梁俘获王杲的时候，努尔哈赤兄弟也一同被俘。就这样，努尔哈赤成为李成梁的一名幼丁，其实就是家奴的身份。

三是林丹汗的家人。据《筹辽硕画》记载："虎墩兔曰：'奴酋原是我家人，今背了我，反来借我兵。'""虎墩兔"就是林丹汗。根据这则史料，努尔哈赤曾经是林丹汗的家人，实际上就是他的家奴。

综上可以看出，努尔哈赤实际上数度为奴，经历非常坎坷。到这里，我们不得不说说他被人戏谑的"野猪皮"称谓。

在满语中，"努尔哈赤"的含义是"野猪皮"。在东北，野猪是一种勇敢而凶猛的动物，人们并不厌弃它。可是，不管怎么说，"野猪皮"这个"雅号"实在不是一个溢美之词。遭人冷眼的努尔哈赤，你行吗?

努尔哈赤这个热血青年，继承了父祖那种绝不服输的劲头，在各方面锤炼自己，努力使自己强大起来。

在山间劳作中，锤炼自己的耐力和韧劲儿。努尔哈赤经年累月的山间劳作，虽然付出了巨大的艰辛，疲劳了身心，但是他并没有虚度每一分钟，而是在艰苦的劳作中努力锤炼自己的耐力，练就出了百折不挠的韧劲儿，这正是日后他的军旅生涯所需要的东西。

在古代小说中，学习兵法和战术。努尔哈赤的生活环境，很难接触到那些经典的兵法书籍，可能是晦涩难懂，也可能是对汉文化的排斥，总之，努尔哈赤无法接触《孙子兵法》这样的兵书。但是，他可以看《三国演义》《水浒传》这样的小说。即使如此，努尔哈赤也没有放过学习的机会，他并没有陶醉在其中的故事情节中，而是从中学习到了很多知识，尤其是汲取了其中的兵法和战术。比如，周瑜的"反间计"、诸葛亮的"草船借箭”计等。这些战术深深地吸引了他，刻在了他的脑海里，为日后他指挥战争、巧妙用计奠定了坚实的基础。

在骑射狩猎中，锤炼出高超的射箭本领。努尔哈赤深知，要想成就一番事业，必须练就一身好本领，其中，射箭之术必须高超。所以，他在日常狩猎中，非常注重锤炼射箭之术。关于努尔哈赤的箭术，还有一个趣味故事。万历十六年（1588 年），努尔哈赤与栋鄂部射箭高手钮翁锦比赛箭术。努尔哈赤先让钮翁锦发箭，射向百步之外的一棵大柳树。钮翁锦举弓射箭，共发五支箭，结果只射中三支。随后，努尔哈赤便弯弓搭箭，也是五支箭，结果是五支皆中。在场的人纷纷为之喝彩。

在寄人篱下的环境中，锤炼自己的心计和胆量。在李成梁麾下服役三年，是艰苦的，寄人篱下的环境，一般人会灰心丧气。努尔哈赤却在这里加紧学习，学习李成梁的军事指挥本领；练习突发事件的应变能力。不仅如此，努尔哈赤还练就了一套心计术，表面上对李成梁忠心耿耿，实则筹划复仇和逃跑，一旦时机成熟，就会逃出这里。

这样，努尔哈赤经过自己的努力，把自己打造成有功夫、有胆量、有能力、有魄力的一代枭雄。《山中闻见录》这样记载：“太祖既长，身长八尺，智力过人。”

他为起兵成就一番事业做好了准备。

而立之年

三十而立，这是创业的年龄，寻常人是这样，对于一代枭雄努尔哈赤来讲，更是如此。不幸与艰辛的经历，机遇与挑战的混存，使这个青年在而立之年创造出非凡业绩的欲望，要比普通人更为强烈。

斗智斗勇

努尔哈赤起兵，目标是谁呢？这是需要明确的。努尔哈赤的目标不是明朝，这很奇怪，误杀致其父祖死亡的，正是明朝，而他打击的目标却是别人，这让人大感意外。究竟是谁呢？是尼堪外兰。

尼堪外兰是个有野心的人，他想挤进明朝官员的队伍，可是没能实现。于是，他又想坐地为主，成为建州女真的主人，称霸一方。他有了这个想法，便积极努力，一面巴结明朝官员，一面发展自己的势力，准备称霸建州。

所以，努尔哈赤与之结怨，原因就很明显了。努尔哈赤也是个胸怀大志之人，两个人都想实现同一目标，自然会发生冲突。这样，努尔哈赤宣布：杀死父祖的仇人是尼堪外兰，一定要报仇雪恨！尼堪外兰觉得有点儿委屈。

目标锁定了，努尔哈赤赶紧付诸实施，分步进行。

第一步，建立联盟。这时的努尔哈赤等于是白手起家，要人没人，要武器没武器。于是，他决定建立一个联盟。

努尔哈赤联络了五个人，他们非常愿意与之结成联盟。他们是萨尔浒城主卦拉、卦拉之弟诺米纳、嘉木湖城主刚哈鄯、沾河寨城主常书，以及他的弟弟杨书。这五个人都与尼堪外兰有矛盾，在目标上是一致的。

但是，这五个人也是有条件的。他们向努尔哈赤提出：“既然是盟友，就要当兄弟看待，不可见利忘义！”这正是努尔哈赤所需要的，他也是这么想的。

第二步，制定策略。这就是努尔哈赤的与众不同之处，虽是一次复仇行动，却制定了策略。这个策略就是“顺者以德服，逆者以兵临”，意思是顺从的人用德行让他臣服，叛逆的人用武力来征服。在征伐中，要对这些人区别对待。

看来，努尔哈赤很有文化。这个策略是有典故的：

《孟子·公孙丑上》记载：“以力服人者，非心服也，力不赡也；以德服人者，中心悦而诚服也。”

努尔哈赤开始行动了，他带领百余人，开始了征伐之旅。他的队伍直捣尼堪外兰的老巢图伦城。可是，意外发生了，两个人背叛了他：一个是他的族人龙敦，一个是合伙人诺米纳。诺米纳听从龙敦的挑唆，背信弃义，先后两次向尼堪外兰告密，因而，两次行动都使尼堪外兰逃脱。不仅如此，诺米纳还背弃盟约，并不带兵前来助阵努尔哈赤。

这个时候，努尔哈赤勃然大怒，就要宣布诺米纳为第二号仇敌，要抓住他雪耻。可是，努尔哈赤很快冷静下来，细想，如果再与诺米纳为敌，势将前功尽弃，还会有性命之忧。于是，他决定伺机行动。

努尔哈赤决定，先除掉奸人诺米纳，再除掉尼堪外兰，以解除后顾之忧。

很凑巧，诺米纳派人前来约努尔哈赤，共同攻打巴尔达城。努尔哈赤决定将计就计。他与诺米纳见面后，斗智斗勇。

努尔哈赤道："我把头功让给你，你先攻城如何？"诺米纳惧怕失去实力，想让努尔哈赤先攻，好损失他的实力，再一举歼灭之："还是你先攻吧，让给你头功。"

努尔哈赤会心一笑道："那我就不客气了。可是，我的兵士甲胄单薄，武器落后，你可否借我一用？"诺米纳不假思索地就答应了，他的士兵尽数脱下了铠甲，交出了所有武器。

努尔哈赤见状，立即命令他的士兵："给我抓了诺米纳这个叛贼。"诺米纳糊里糊涂地被五花大绑，还没反应过来，就被努尔哈赤枭首示众了。这样，努尔哈赤不仅除掉了奸贼，而且顺利拿下了他的城堡萨尔浒城，一举两得。

接下来，努尔哈赤全力追杀尼堪外兰。

可是，尼堪外兰十分狡诈。

他以明军为靠山，从图伦城逃往嘉班城；努尔哈赤再攻嘉班城时，尼堪外兰成功出逃到鄂尔浑城；当努尔哈赤攻破鄂尔浑城时，他又逃往抚顺城，最关键的是，这时的尼堪外兰被明军保护起来。

这时的努尔哈赤已经杀红了眼，他恼羞成怒，迁怒于汉人，一面斩杀汉人，一面凌虐负伤的汉人，用箭刺他们的伤口，再让这些带伤的汉人去抚顺，向明军索要尼堪外兰。

努尔哈赤联络了五个人，他们非常愿意与之结成联盟。他们是萨尔浒城主卦拉、卦拉之弟诺米纳、嘉木湖城主刚哈鄯、沾河寨城主常书，以及他的弟弟杨书。

李寅语录

说到底，他成功很重要的一个因素，就是他有一群追随者，尤其是五个铁杆粉。

与此同时，努尔哈赤派寨萨等 40 人前往，索要尼堪外兰。明军无奈，交出了尼堪外兰，寨萨当场斩杀了他，并割下了他的首级。

努尔哈赤看着尼堪外兰的脑袋，百感交集，终于可以告慰父祖了：我杀了仇敌！

一个神话

在中国的战争史上，以少胜多的战例有几个，史学爱好者总结出了十个典型：

牧野之战：商周时期，武王伐纣，在牧野与商朝军队决战，周武王以不足 10 万之军，大破纣王 17 万大军；柏举之战：公元前 506 年，吴国与楚国在柏举的一次决战，吴国以 3 万之军大破 20 万楚军，取得全胜；巨鹿之战：项羽以 6 万之军破秦军 40 万，扭转了战争局面；官渡之战：东汉末年，曹操以 2 万军队击破袁绍 10 万大军；赤壁之战：三国时期，孙权、刘备 5 万联军大破曹操 20 万大军；淝水之战：383 年，中国北方的前秦欲灭东晋，谢玄以 8 万之军大破苻坚 97 万大军；郾城之战：宋金时期，绍兴九年（1139 年），岳飞以数千精锐大破金军 1.5 万人；鄱阳湖之战：元朝末年，朱元璋和陈友谅在鄱阳湖决战，朱元璋以 20 万之军，大破陈友谅 60 万大军，大获全胜；白沟河之战：明朝初年，建文帝征燕王，朱棣以 10 余万之军大破建文帝 60 万大军，朱棣取得决定性胜利；宁远之战：天明十一年（1626 年），明朝将领袁崇焕以不满 2 万之军大破努尔哈赤 13 万大军，取得“宁远大捷”。

这么多战役，却忽略了努尔哈赤创造的一个以少胜多的战役——“浑河之战”，努尔哈赤创造了一个奇迹，仅以 4 人战胜了 800 个敌人。

4人对800人，一般人想都不敢想，可努尔哈赤实现了，创造了一个神话。

万历十三年（1585年）四月，努尔哈赤率部80人，抵达浑河岸边。由于叛徒告密，巴尔达、萨尔浒、界凡等五城联军800人列队，严阵以待。对手人多势众，以逸待劳，努尔哈赤必败无疑。

于是，有人动摇了，努尔哈赤五祖之孙札亲和桑古里首先跳出来，主张撤退。二人脱下了盔甲，扔掉了武器，准备逃之夭夭。他们是宗室，影响很大。

努尔哈赤怎么办？一个更加严峻的局面摆在了他的面前。他没有退却，他是这么做的。

稳定人心。努尔哈赤面对札亲二人的行为，予以严厉的批驳："你们真是懦夫，我看你们平时在家里很有本事，张牙舞爪，什么都不怕，今天怎么了，关键的时候，就变成了孬种！"

果断决策。大家看着努尔哈赤，又看看对面800个雄兵，怀疑努尔哈赤是纸上谈兵，光说不练。努尔哈赤把心一横，已经没有退路了。他倏地站到高岗之上，果断决策，开始点将：大家听着，你们之中的穆尔哈齐、杨布禄、额凌刚三人，随我冲入敌阵。

众人呆了，也笑了，大家不相信努尔哈赤，就凭他们区区4人，无异于以卵击石，怎能战胜强敌800呢？

奋勇杀敌。面对强敌，努尔哈赤等4人，先是步战射箭，勇敢冲进敌营，使敌人乱了阵脚，纷纷溃退，跳入浑河，可谓先发制人，初战告捷。

接着，努尔哈赤骑马再战，乘胜追击，锐不可当。

关键是，努尔哈赤知道使用技巧，他并非一味冲杀，也知道掩蔽自己，出其不意，突然射箭，以削敌锋。最终，800敌兵全线溃退，努尔哈赤大获全胜。

努尔哈赤4人胜800，可谓一个神话。所以，努尔哈赤也是自鸣得意。《清太祖实录》这样记载道：“今日之战，以四人而败八百之众，此天助我以胜之也。”

铁杆粉

努尔哈赤在创业过程中，尽管极为努力，甚至到拼命的程度，但是，要获得成功，靠他自己特立独行，那是不会有好结果的。说到底，他成功很重要的一个因素，就是他有一群追随者，尤其是五个铁杆粉。

这五个铁杆粉，号称“五大臣”，即清初开国五大臣：额亦都、费英东、何和礼、扈尔汉和安费扬古五人。

额亦都，姓钮祜禄，五位开国大臣之一。生于1562年，比努尔哈赤小三岁。他是努尔哈赤的坚定支持者，铁杆粉丝。他与努尔哈赤初次见面时便相谈甚欢，两个人政见相同，他坚定要终生追随努尔哈赤。总结额亦都的人生，有以下特点。

一是勇敢无比，这恐怕与他的早年经历有关。额亦都年幼时，父母双双遇害，他13岁时便手刃仇家，练就了他的勇敢和胆量。万历十五年（1587年），额亦都率军攻打巴尔达城时，他命令士兵把绳子系在身上，鱼贯渡河，守城士卒被惊醒，乱箭齐发，射穿额亦都的大腿，将他钉在城墙上。额亦都挥刀砍断箭矢，奋力再战，身上五十多处创伤仍不退却，终于攻下城池。战后，努尔哈赤授他“巴图鲁”称号。

二是对努尔哈赤无比忠贞。顺治帝这样评价他：“忠勇忘身，有始有卒。”在这里，有这样一个故事：额亦都的次子达启自幼勇武，深受努尔哈赤喜爱。但是达启恃宠而骄，无礼于诸皇子，额亦都非常担忧。后来，额亦都将儿子们聚集在一起，命人绑缚达启，抽出刀来，对儿子们道："俗话说虎毒不食子。只是这个逆子傲慢无礼，如今若不管制，以后一定会有负国家、败坏门户。"于是，他将达启拉入室内，用被子将他闷死，然后向努尔哈赤请罪。努尔哈赤非常感动，从此不再怀疑他的忠贞。

费英东，姓瓜尔佳，五位开国大臣之一。费英东与额亦都同年出生，他的父亲是一位首领，有着不错的家境。努尔哈赤起兵第六年，他的父亲索尔果率所部五百户投奔努尔哈赤。费英东具有两个鲜明的优点，《清史稿》这样记载："忠直敢言，太祖使佐理政事。"

一是正直。费英东有一颗纯净的心，从不谋取私利，也从不袒护亲朋。历史记载，当发现自己的亲姐夫有谋逆行为之后，他毫不犹豫，大义灭亲，抓住并杀死了他。努尔哈赤非常信赖他。

二是勇敢。清初的开国之将，都非常勇敢。可是，费英东的勇敢是出类拔萃的。万历四十六年（1618 年），费英东跟随努尔哈赤征讨抚顺城，明军占据险要地形，箭矢火炮齐发。费英东的坐骑由于受到惊吓，向侧路狂奔。其所率各路兵将见此情景，怯阵而退。在这危急关头，费英东打马回旋高呼："我建州没有败退之将，只有战死之帅！"各路兵将士气大振，齐头并进，打败了明军，一举攻克了抚顺城。努尔哈赤因此赐号他为"万人敌"。

具备了这两个特点的费英东，就足以成为努尔哈赤的铁杆粉了。努尔哈赤授予费英东一等大臣，并将皇长子褚英的女儿嫁给了他，使他成为额驸。后来，顺治帝称之为"开创佐命第一功臣"，这个分量就很重了。

何和礼，姓董鄂，是其部落首领，努尔哈赤开国五大臣之一，参与过萨尔浒之战、沈阳之战、辽阳之战等许多重大战役，屡立战功。生于 1561 年，比努尔哈赤小两岁。何和礼投奔努尔哈赤，是带着兵马过来的，当时壮大了努尔哈赤的声势，所以，努尔哈赤把自己的长女东果格格嫁给他。

资料说是努尔哈赤先将东果格格嫁与他，他才归附了努尔哈赤。为此，还发生了一件有趣的故事。何和礼的发妻很厉害，便带着兵马，杀向佛阿拉城，要与何和礼决战。努尔哈赤亲自出面劝谕，何和礼的妻子这才罢兵归降。

扈尔汉，姓佟佳，生于1576年，清初开国五大臣之一。扈尔汉与努尔哈赤之间相差18岁，努尔哈赤起兵6年之后，他才13岁。不过，扈尔汉之所以投奔努尔哈赤，是父亲的缘故；父亲投靠了努尔哈赤，他自然也就随之过来。

扈尔汉具有感恩之心，他为了报答努尔哈赤的恩情，便忠心耿耿，战场上奋力拼杀，功绩卓著。努尔哈赤也不含糊，收他为养子，使之成为五大臣之一，参与国政决策，并给他赐姓觉罗氏，这是非常大的恩典了。

安费扬古，姓觉尔察，与努尔哈赤同年出生。他归附努尔哈赤，同样源于他的父亲。努尔哈赤非常看重安费扬古，主要是他这个人非常优秀。安费扬古具备两个明显的优点。

一是拥有杰出的军事才能。他不仅英勇善战，战功卓著，而且主张以智取胜，多次使用“出其不意，攻其不备”的策略，很得努尔哈赤赏识。

二是忠贞不贰。《清史稿》记载：“有章甲、尼麻喇人诱之叛；不从，又劫其孙以要之，终无贰志。”

敌人劫持自己的孙子为人质，他都不背叛努尔哈赤，让努尔哈赤非常感动。

努尔哈赤的成功，绝非偶然；这五大臣的忠心辅佐，使他如虎添翼，事业蒸蒸日上。

迈出一大步

一个人往往有小富即安的思想和心理，努尔哈赤起兵之后，攻城略地，占有了一定数量的人口和财物，可谓人财两旺。这对于一个地方贵族来讲，已经很了不起了。万历十五年（1587 年）的时候，努尔哈赤的这个目标基本实现了。

这一年，努尔哈赤杀死了仇人尼堪外兰，为父祖报了仇；攻克了如图伦城这样的数座城池，扩大了影响。

这一年，重量级人物归附。随着努尔哈赤势力的扩大，各个部落的大头目看好努尔哈赤的前途，纷纷投靠努尔哈赤。比如苏完部首领索尔果，率领军民 500 户投诚，他的儿子费英东成为努尔哈赤的五大臣之一；栋鄂部首领克撤，率领部众来投，他的儿子何和礼成为五大臣之一；雅尔古首领扈拉胡，率领部众来投，他的儿子扈尔汉成为五大臣之一；等等。

这一年，他基本统一了建州三卫。明代在建州女真聚居地设置的三个地方军事行政机构，包括建州卫、建州左卫、建州右卫，经过努尔哈赤近十年的征战，基本上统为一体。在这里，努尔哈赤一寨一城，或攻克，或占领，或招抚，大家已经一致认可，努尔哈赤是建州之主。

这一年，他扩大了自身势力。起兵之时，努尔哈赤只有父祖的“遗甲十三副”，兵士百余人；经过十年的发展和壮大，已经发展到一万五千余人。这样的势力，在建州绝对是老大了。

接下来怎么办？努尔哈赤的路要怎么走？努尔哈赤进行了思索。这一年，他 29 岁，按照古代三十而立的说法，明年是他的而立之年。

努尔哈赤感受到了肩上担子的重大，确定了自己的远大目标。于是，他迈出了重大的一步：建一座城。

建一座什么样的城池呢？《满洲实录》记载：“筑城三层，启建楼台。”

经过专家考证，这个城池叫费阿拉城。这座楼台具有如下功能：

一是发号施令的所在。从此之后，努尔哈赤在此发布一系列命令，包括政治、经济、军事等各个方面。需要什么，努尔哈赤就在此发布什么。

二是接待来使的所在。万历二十三年（1595年），努尔哈赤在费阿拉城接见了朝鲜使节申中一。申中一看到努尔哈赤居中而坐，诸位将领位列两边。正是一国之主接见外使的场面。

三是女真首部法律出台的所在。在这里，努尔哈赤发布了“禁悖乱，辑盗贼，法制以立”。这很关键，努尔哈赤经过出台法律，对他的建州实施了治理，标志着无政府时代的结束。

四是具有宫殿的功能。这座城池虽小，外城也不过10里，可是，麻雀虽小，五脏俱全。这座城池分工明确：内城中央，居住着努尔哈赤和他的老婆孩子；内城的中央周围，则是努尔哈赤的兄弟和宗室近族；外城之中，都是全副武装的士兵了。

这座城池——费阿拉城的建立，对于努尔哈赤的人生来讲，意义非凡。因为，努尔哈赤朝他的事业目标迈出了关键的一大步，他在这里“自中称王”。朝鲜的史料中，就称之为“女真国”或“建州国”，费阿拉城就是这个国家的都城。所以，而立之年的努尔哈赤算是开启了他辉煌的人生之路，在而立之年到来之际，开启了一扇成功之窗，具有重要的意义。

首先，改变了女真社会的性质。在此之前，努尔哈赤所处的女真族一直处于原始社会的状态。各部落之间分散而没有一个法律来约束，一旦出现矛盾，便兵戎相见，征伐不断。努尔哈赤在费阿拉城建立政权之后，建州女真开始改变，由无序变为有序，由部落关系转变为阶级关系，以努尔哈赤为首的新兴奴隶主阶级逐步壮大起来。

其次，奠定了努尔哈赤的首领之位。在努尔哈赤肇建费阿拉城之际，按照他的设计，他处在尊贵的位置，无论是家族、士兵，都以他为核心，唯其马首是瞻。这就确立了努尔哈赤的至尊之位，称之为“淑勒贝勒”，为他日后称汗奠定了坚实的基础。

第二章 从『而立』到『知命』

孔子曰:“三十而立，四十而不惑，五十而知天命。”努尔哈赤正是按照这个自然规律，从而立之年费阿拉城称汗，到不惑之年的努力与奋斗，直到知命之年的硕果累累，走过了一条坎坷之路。

力挫九部联军

就在努尔哈赤雄心勃勃的时候，建州周围诸部也在虎视着他，他们对雄起的努尔哈赤满怀忌妒、愤怒，意欲瓜分之，对努尔哈赤本人也是羡慕忌妒恨，恨不得食其肉而寝其皮。于是，他们企图群起而攻之，谋划出了一个 9 ∶ 1 的游戏。

挑　衅

万历十九年（1591 年），努尔哈赤刚刚回到费阿拉城，众星捧月般被迎入寝宫，踌躇满志地筹划着统一大业，那种感觉用两个字来说就是“惬意”。可是，突然有探子来报：“叶赫部大首领的使者求见。”

努尔哈赤心中产生了一丝不快，尤其是听到“叶赫部”这三个字。他脑海中迅速浮现出大首领纳林布禄的面孔，太熟悉了，因为他是努尔哈赤的大舅子，万历十六年（1588 年）九月，纳林布禄亲自护送妹妹孟古姐姐来到建州，把她嫁给努尔哈赤。努尔哈赤心中嘀咕："他找我会有什么事呢？"

来的是两个人：宜尔当阿和百思汉。二位朝努尔哈赤行了个礼，道："乌拉、哈达、辉发、叶赫、建州，我们都是并立国家，现在有个问题，就是你们建州地广人多，我们却是地狭人少，所以，我们建议把额尔敏、扎库木二处给我们一处，您看怎么样？"

这是努尔哈赤万万没有想到的事情："岂有此理！"他怒不可遏，大声怒斥道："我是建州国，你们是扈伦四国（叶赫、哈达、乌拉、辉发），与我有什么关系？我们各走各的路，井水不犯河水。还有，你们两个身为大臣，不尽臣职，在这里胡说八道！你们回去，告诉你们的主子，赶紧断了这个念头！"说完，努尔哈赤气呼呼地坐下，挥了挥手，表示赶紧送客。

大舅子纳林布禄对于努尔哈赤的反应其实早在预料之中，听了宜尔当阿和百思汉的汇报之后，哈哈大笑，道："这个'野猪皮'，如此嚣张，不答复我的要求没有关系，看我怎么收拾他。"说着，纳林布禄对宜尔当阿和百思汉耳语了一番。

究竟要干什么呢？这个狡猾的纳林布禄居然是一计不成，又生一计。命令二人前往哈达、辉发、乌拉做说客，请求他们配合叶赫，演一出双簧。经过努力，他们达成了一致。

大家推荐叶赫部使臣图尔德为领队，再次出使建州。考虑到第一次与努尔哈赤的交涉，本来就很不愉快，更不知这次的结果如何，大家把心提到了嗓子眼儿。

按照史料记载，图尔德一行到达建州之后，果然发生了戏剧性的一幕。

图尔德对努尔哈赤拱手道："大王，我主子要我出使建州，给予了很重要的使命。可我不敢说呀！"说完，双手一摊，做出一副无可奈何的样子。

努尔哈赤看了他一眼，道：“这就怪了，你不过是个传声筒，你主子要你说什么，你就说什么。你说的话，我若不高兴，也是对你主子不高兴，与你何干？再说，如果我不高兴了，也会对你的主子恶语相向！”

图尔德倍感尴尬，心说本来想戏谑一下努尔哈赤，倒不承想被他占了主动，对自己极为藐视了一番。图尔德心中先有了一分不满，说话的语气也就有些不恭敬了。

图尔德大声道：“我们向你要的两块土地为什么不给答复？你就不怕我们大兵压境吗？请你向我的主子做出合理的解释，否则……”

图尔德故意停顿下来，他想看看努尔哈赤的反应如何。

努尔哈赤早就愤然站起，倏地按住腰间的宝剑长柄，“仓琅琅”拔出来，寒光闪闪；紧接着，他奋力举起，一刀劈下去，桌案的一角应声而落。

图尔德吓坏了，大家吓坏了，所有的人都受到了极大的震动。

羞　辱

努尔哈赤怒劈桌案，吓坏了在场所有的人。接下来不知道要发生什么，大家齐刷刷地把目光聚焦在他身上。

努尔哈赤平复了一下心情，他毕竟是一个杰出的政治家，很快就意识到自己的失态。于是，努尔哈赤重新坐回座椅，向图尔德，也是对大家进行了慷慨陈词。

他首先对纳林布禄进行了一番嘲讽：“你的主子什么时候亲临前线打过仗啊？他对我提出什么领土要求，那不过是纸上谈兵罢了。能够实现吗？”图尔德惶恐地不知所措，大家则恭维努尔哈赤道：“对，他哪里打过什么仗，就是纸上谈兵。”

接着，努尔哈赤谈到战术：“你们叶赫国谁不知道啊，也并非到处都是天堑，我们熟悉那里的地形。告诉你的主子，我们即使白天不能前往，夜里也会偷袭你们。如果再要对我无理，我的大军一定前往讨伐，指日荡平叶赫！”图尔德早就吓得面如土色，浑身战栗不已，他惧怕努尔哈赤会一时兴起，举刀杀了他。

努尔哈赤瞥了一眼图尔德，居然心情大好，他要的就是这个效果，在气势上怎么能让这个小小的说客给压下去呢？

努尔哈赤思量着，觉得意犹未尽，他突然想起一件事，不禁仰天哈哈大笑道：“你回答我一个问题，之前，我的父祖被明军误杀，我敢问罪于明，明为了安抚我，不但归还了我父祖的遗体，好生安葬，还给我敕书、马匹，又加官晋爵，从左都督到龙虎将军，你的主子有此殊荣吗？”图尔德哪敢答话，只是唯唯诺诺。

努尔哈赤接着说道：“你不回答我，我就在这里揭露你的主子。他的父亲杨吉努也被明军杀害，明朝给他什么了吗？恐怕连赔礼道歉都没得到吧！”

努尔哈赤这番话，简直让图尔德无地自容，因为这是建州的奇耻大辱。万历十二年（1584年），明朝总兵李成梁在开原设下埋伏，诱捕了纳林布禄的父亲杨吉努，并在关帝庙杀害了他。明朝不但没有安抚纳林布禄，反而对他处处提防。

图尔德早就已经面如土色，又受此嘲讽，简直无地自容，不等努尔哈赤发令，就狼狈地退出去了。努尔哈赤和他的将领们开怀大笑。

努尔哈赤还不解气，他又派出了使者阿林查，要他即刻出使叶赫，用他那三寸不烂之舌，正告叶赫，警告纳林布禄。

纳林布禄很快知晓了全部过程，他恼羞成怒，心说真是倒霉，偷鸡不成蚀把米，自己的父亲无缘无故被他羞辱了一番，此仇不报非君子。他咬牙切齿地暗下决心：一定要踏平建州，用努尔哈赤的鲜血祭我叶赫的大旗！

于是，纳林布禄开始了他的复仇行动。他分三步走。

第一步是串联，他认为以自己的实力，要对付这个强大的努尔哈赤，还真是很费劲。努尔哈赤太强大了，他不仅统一了建州四部，拥有数万将士而且还很会做生意，他不断在抚顺、清河、宽甸做交易，获益匪浅，身价在数十万白银以上。

纳林布禄要联合其他部落首领，共同出兵讨伐努尔哈赤。扈伦四部中的哈达、辉发、乌拉还真听从了纳林布禄的忽悠，纳林布禄说他们是利益共同体，不灭掉建州，他们就没好日子过。

万历二十一年（1564 年）六月，叶赫、哈达、辉发、乌拉四部共同出兵，偷袭了建州的户布查寨，并进行了洗劫。

努尔哈赤闻讯，赶忙带兵追击，他的部队一直追到哈达部的富尔佳奇寨。就在这里，发生了戏剧性的一幕。

9：1

努尔哈赤是一个非常努力的人，不仅具有政治家的谋略，还练就了一身硬功夫。所以，每当战事来临，他都会一马当先，毫不含糊。这次也不例外，努尔哈赤亲自带兵，征战叶赫四部。

就在哈达的富尔佳奇寨，努尔哈赤表现了出奇的勇敢。他决定在此设下埋伏圈，诱敌深入，擒拿贼首。努尔哈赤亲自上阵，他吩咐士兵先撤，自己断后。实际上，是想用这种办法吸引敌人，麻痹对方。

果然，哈达部的首领孟格布禄上当了，他欣喜若狂，认为这是一个绝好的机会，如果能够捉到努尔哈赤，或是打死他，在扈伦四大部落中自己就会很有话语权，地位也会随之上升。

孟格布禄筹划着，便做了精心的安排，决定在富尔佳奇寨消灭努尔哈赤。于是，孟格布禄亲带人马来到富尔佳奇寨，准备在家门口擒拿努尔哈赤。

努尔哈赤见状，心里盘算着，如何打个漂亮的翻身仗。突然，一个哈达士兵猛扑上来，举刀就砍；努尔哈赤反应机敏，回身反手就是一箭射出去，正射中他的马肚子，战马惊叫着逃走了。

努尔哈赤刚要喘气，就见三个骑兵飞速把努尔哈赤围住，纷纷举刀砍来。意外发生了，努尔哈赤的战马受到惊吓，嚎叫着，猛然跃起。努尔哈赤没有准备，跌落下来，幸亏右脚被马镫子牢牢套住，才没有坠地。

三个敌兵乘机围拢过来，举刀齐砍，努尔哈赤命悬一线。他把眼一闭，道："我命休矣！"

这时，突然有一队人马喊杀过来："休伤我主！"就见努尔哈赤的大将安费扬古飞刀过来，如箭一般，手起刀落，敌兵还没明白过来，人头已经落地。

"好刀法！"努尔哈赤号叫着，蹬住右脚，借着脚蹬的力，一个反身，又骑上马背；同时，反手搭箭，射向了孟格布禄："看箭！"孟格布禄的战马中箭倒地，努尔哈赤策马上前，他要擒拿孟格布禄。

孟格布禄的随侍赶忙上前，迅速扶起主子，上了自己的战马，飞速逃离。

安费扬古还要追去，努尔哈赤制止了他："不要追击，放他去，当心中了他的埋伏。"安费扬古才意识到，在人家的地盘，不可轻举妄动，当即鸣金收兵。

清点这次胜利的成果，建州兵杀敌十二人，获得铠甲六副，战马十八匹。努尔哈赤侥幸逃生，要感谢的很多，他首先要感谢自己的右脚，要不是被绊在马镫里，他就跌落地上，早成了刀下之鬼；其次是安费扬古，他像及时雨一样，及时赶到。

哈达部则正好相反，吃了亏不说，还会被笑话，倍感羞辱。

实际上，这次偷袭建州，主要是因叶赫部有着强烈的报复欲望，他们受到努尔哈赤的羞辱之后，怨气没出，便策划了这次行动。没想到，偷袭不成，反倒让哈达部受到了损失。

这样，叶赫部与哈达部就成了受害者，他们有着共同的敌人，那就是建州的努尔哈赤。他们纷纷盟誓：不报此仇，誓不为人！说得地动山摇，恨得咬牙切齿。

于是，他们决定联合起来，打败这个共同的敌人——努尔哈赤。

万历二十一年九月，叶赫部太给力了，居然联合了九个部落：叶赫、哈达、乌拉、辉发、朱舍里、讷殷、科尔沁、锡伯、卦尔察，凑集了三万大军，召开了誓师大会。大家雄心勃勃：不获全胜，决不收兵。

努尔哈赤接到了奏报，不禁大吃一惊：“怎么可能？我和科尔沁三部落（科尔沁、锡伯、卦尔察）之间没有仇恨啊；与长白山（朱舍里、讷殷）之间也没有仇恨啊，他们怎么会与我为敌呢？”

大家则与努尔哈赤的关注点不同。人们更为关注的是9∶1的关系，九个部落，三万大军，真打起来，建州怎么可能顶住，弄不好，会全军覆没。一股阴云霎时之间笼罩在建州的上空。

大忽悠

要说战争上以少胜多，历史上是有的，努尔哈赤之前也曾经创造了四人对八百的奇迹。可是，那凭借的是努尔哈赤的个人勇敢取胜的，带有一定的冒险性和偶然侥幸。

这次不同，这是国与国之间的战争，靠勇敢和侥幸根本不行。而且，9∶1的形势，简直就是在开玩笑，或是在做游戏。

为弄清对方实力，努尔哈赤急令探子侦察。很快，消息传来，据俘虏的一名叶赫部兵卒交代，这次联军数量达到3万人之多。

军事力量对比，九部联军是三万，数倍于建州兵。兵临城下，分三路围攻而来。大敌当前，建州上上下下惊恐不安，就连努尔哈赤本人也是寝食难安。可是，当敌军迫近，战争阴云密布的关键时刻，却发生了这样的一幕：努尔哈赤呼呼大睡，他的福晋衮代焦急万分，推醒他，道："你乱了方寸吗？你害怕了吧？不然，九部大兵压境，你为什么要酣睡呢？"努尔哈赤听了哈哈大笑，回答了福晋的问话。

《清太祖实录》记载："人有所惧，虽寝，不成寐；我果惧，安能酣寝？前闻叶赫兵三路来侵，因无期，时以为念；既至，吾心安矣！"在这里，努尔哈赤很自信地说明了自己安然酣睡的原因：九部兵来的消息确定了，我就放心了。

这是何等的自信！努尔哈赤的自信来自哪里？会不会是盲目自信呢？

富察衮代疑惑不解。努尔哈赤道："你想想，一般说战争会分为两种，你知道是哪两种吗？"

富察氏一脸蒙，她哪里知道！努尔哈赤道："一种战争是'顺天命'，一种是'逆天命'。顺天命者，有老天爷保佑，必胜；逆天命者，大逆不道，必败！"说完，努尔哈赤倒头又大睡起来。衮代心里想，原来你的自信是从这里来的，更加忧心忡忡。

第二天，天刚蒙蒙亮，努尔哈赤吃完早饭，就召集臣子们开会。大家说，都火烧眉毛了，还开会干什么？赶紧说怎么打，不然我们就跑吧。

努尔哈赤没有理会众人的担忧，而是要带领大家去一个地方——堂子。去那里干吗？什么是堂子呢？

堂子，清帝祭神之所。堂子非常神秘，一般人很难说清楚，看看资料是怎么记载的。

魏源在《圣武记》卷十二中这样讲道：“皇帝拜天则於堂子，出征拜天亦如之；则堂子自是满洲旧俗，祭天，祭神，祭佛之公所。”

看来是皇帝拜天祭神的神秘处所。努尔哈赤带领大家到这儿干吗呢？

努尔哈赤先行向神位行三跪六叩大礼，倾诉道：“神灵明鉴，我建州，我努尔哈赤，与叶赫无冤无仇，各守天道。可是，今天，叶赫居然纠集三万大军，前来侵犯我国，请神灵明察。”说毕，再三跪六叩。

接着，努尔哈赤以手扶地，前额叩在地面上，道：“请保佑我建州奋马当先，一举歼灭敌人！”

说完，努尔哈赤转过身，大声道：“众将听命，大家打起精神，准备迎战九部联军。大家有没有信心？”

令努尔哈赤非常意外，场面很冷清，没有人回应。大家心里直嘀咕：忽悠什么啊，凭什么大获全胜！凭堂子？拜祭堂子就可以歼灭敌军？那可是三万大军啊。

大家抱怨：努尔哈赤就是一个大忽悠！

“巧”与“拙”

努尔哈赤明白了一切，看来大家没有信心，必须要做一件事情，那就是战前动员，做好大家的思想工作。大家的思想压力实在是太大了，需要解压。

努尔哈赤坐在宝座上，与大家进行了一番战前动员。

他说："你们不要有顾虑，我不会让大家冒险的，也不会拿你们的生命开玩笑。对这场战争，我有必胜的把握，请大家相信我。"

接下来，努尔哈赤进行了分析。他首先对九部联军进行了解剖，指出了九部联军的两大致命弱点：

一是乌合之众。努尔哈赤分析，虽是九部联合，号称三万大军，可是大家互不统属，甚至都不认识，杂乱无章，就是一群乌合之众。乌合之众有什么可怕的呢？

二是劳师远征。九部联军来自远方，长途跋涉，来到建州入侵，正应了那句话"强弩之末，力不能入鲁缟"（《汉书》）。努尔哈赤分析，侵略军赶到这里的时候，已成强弩之末了。

大家一听，对呀，努尔哈赤分析得对，九部联军胜算的可能性不是很大，可他们毕竟三万大军，我们如何能够取胜呢？大家想听听努尔哈赤有何"巧"计。努尔哈赤毫不含糊，似乎早有准备。他阐述了两个妙计。

1. 以逸待劳。大家明白，这是《三十六计》中的一计，作战时先不出击，养精蓄锐，以对付从远道而来的疲劳的敌人。大家承认，九部联军来自远方，劳师袭远，犯了兵家大忌。

2. 擒贼擒王。这也是《三十六计》中的一计，此计认为攻打敌军主力，捉住敌人首领，这样就能瓦解敌人的整体力量。敌军一旦失去指挥，就会不战而溃。努尔哈赤说道："但伤其一二头目，彼兵自走。"（《满洲实录》）

大家一听，信心大增。努尔哈赤乘机对建州的形势进行了分析，他说，我们建州形势险峻，崇山峻岭，一旦敌人来临，就像钻进口袋一样，我们就掌握了主动权，来个关门打狗。

怎么关门打狗呢？努尔哈赤又说出了两个妙招。

首先，设下伏兵。伏兵居高临下，充分利用建州的有利地形，夹道埋伏，居高埋伏。

其次，设置机关。一听设置机关，大家来了兴致。努尔哈赤说，这个机关分两个层次，一是居高机关，在山头之上，设置滚木礌石，一旦敌人进入埋伏圈，立即放下；二是横木机关，设置在沿河狭窄的道路上，一旦敌人撤退，则被横木挡住去路，就能全部歼灭他们。

接下来，努尔哈赤大声说道：“我们就把战场选在古勒山，就在那里设下埋伏，全部歼灭敢于来犯之敌！大家有没有信心！”

“有！有！有！”这时的建州将领充满了必胜的信念，大家雄心勃勃，声震殿宇。

但是，努尔哈赤头脑是清醒的，他知道战争的残酷性，绝对不可盲目自信，否则后果不堪设想。于是，他叫来额亦都，授以密计，额亦都依计而行。

额亦都带领一百名骑兵前往挑战。联军正在攻打赫济格城不下、一筹莫展之际，看到额亦都挑衅，大怒。叶赫部首领布寨看到额亦都只有区区一百名骑兵，非常轻视，便带领官兵，一齐杀将过来。

额亦都与之大战几个回合，便假装不支，败阵而走，一路朝着古勒山而去，且战且退，把布寨引入了努尔哈赤的包围圈中。

就这样，笨拙的布寨不知是计，带领他的大军蜂拥而入，还叫喊着要活捉努尔哈赤。努尔哈赤居高临下，看着时机已到，一声令下，滚木礌石俱下。

直到这时，愚蠢的布寨才恍然大悟：“糟了，我们中计了。”他转身想跑，一切都晚了。更为可怕的事情发生了，布寨的战马被滚木礌石绊倒，布寨从马上摔落下来。就在这时，建州的一名武士迅速冲下来，举刀砍向布寨，布寨命丧黄泉。布寨的弟弟纳林布禄远远看见哥哥被杀，头一晕，惊叫了一声，从马上跌落下来，昏倒在地。

叶赫兵一看，霎时惊呆了，他们的两个首领一个被杀，一个吓晕，于是，赶忙救起纳林布禄，裹挟着他，仓皇撤退。

九部联军祸不单行，蒙古军中的明安贝勒在建州军的打击下，慌不择路，他的战马居然陷进泥沼，弄得他不能自拔，不得不弃马脱衣而逃，狼狈至极。

古勒山大战，共斩首九部联军四千人，获得战马三千多匹，铠甲一千余副，建州大获全胜。努尔哈赤凭借巧计战胜了笨拙的布寨，又创造了一个神话。

古勒山之战，对努尔哈赤和建州来说，具有重要的意义。

其一，努尔哈赤声名远播。之前，大家尤其是叶赫根本不服那个捡松子的努尔哈赤。当时，群雄四起，各部之间首领辈出，叶赫部的布寨和纳林布禄、哈达部的孟格布禄、乌拉部的布占泰、辉发部的拜音达里等，都很有名，谁都不服谁。这次，努尔哈赤杀死了布寨，一下子使各个部落闻风丧胆，对努尔哈赤无不畏服。

其二，力量对比发生了变化。通过这次战役，以叶赫部为首的扈伦四部受到重挫，实力消长发生了变化。之前，各个部落都以叶赫为核心，大家追随叶赫部的布寨和纳林布禄，可以说是唯叶赫马首是瞻。古勒山战役之后就不一样了，大家觉得叶赫不足为靠，而建州的努尔哈赤正在蒸蒸日上，不可小觑。

其三，统一女真各部的战争已经打响。古勒山大战，努尔哈赤以少胜多，以弱胜强，是对努尔哈赤本人和建州的一次检阅和锻炼，结果使努尔哈赤坚定了信心，他开始筹划着，有朝一日，要统一女真各部，做一个真正的“大汗王”。

直到这时，愚蠢的
布寨才恍然大悟：
『糟了，我们中计了。』
他转身想跑，
一切都晚了。
更为可惜的事
情发生了，
布寨的战马被滚
木礌石绊倒，
布寨从马上摔落下来。

李寅语录

一时之间，努尔哈赤奋力攻坚，与城内里应外合，尽管战事非常惨烈，最终还是攻破了城门。

摇摆的哈达

哈达之灭，源于内因。其首领摇摆不定的外交策略，把哈达引入歧途。最终，在叶赫、建州、明朝众目睽睽之下，国破家亡。

风谲云诡

哈达是一块肥肉，山美、水美、人更美。优越的地理位置，山林茂密，水草丰美，人们安居乐业。可是，由于与建州、叶赫毗邻，大家都盯住这块宝地，想要据为己有。

把一个独立的部落据为己有，本属不易。可是，哈达自己出了问题，给这些强邻提供了空间和机会。

一是首领更迭，混乱不堪。在王台的时候还算稳定，统属归一，政局稳定。王台一死，由虎儿罕继位。虎儿罕为长子，也算名正言顺。可是，没想到虎儿罕不久病死，哈达一下子陷入了困境。

由于接班人的问题，就出现了统序混乱。分两条线：一条是兄终弟及，王台的儿子孟格布禄和康古六争位；另一条是子承父业，虎儿罕的儿子歹商继立，互不相让。这样，一个国家就出现了三位首领：孟格布禄、康古六和歹商。“三权分立”的国家里面，政令不一，互相扯皮，在那个时代，由谁说了算呢？

二是弱国外交，各有后台。王台的时代，哈达与明朝交好，王台企图以之为奥援；康古六和孟格布禄与叶赫部结盟，在政治上沆瀣一气，互为表里；歹商则一面与明朝结盟，一面向努尔哈赤示好。

这样的一种局面，吃瓜群众会看得眼花缭乱，不知所以。最关键的是，对于这样一个复杂的哈达国，各方的态度如何呢？

明朝的态度，是在哈达境内寻找代言人，培植一股势力，以之牵制叶赫部；叶赫部的态度则是培植自己的亲信，建立一个亲叶赫部的傀儡政权，时机一旦成熟，可以一举鲸吞哈达国；努尔哈赤则采取分化瓦解的策略，削弱哈达部，壮大建州，等待有利时机。

哈达部的内部政治力量不断消长，康古六和歹商纷纷败下，大权最终落入孟格布禄的手上。孟格布禄承袭父职，为龙虎将军，频繁地出入叶赫部，与之交往甚厚。一时之间，在哈达部，叶赫部的势力占了上风。

可是，万历二十五年（1597 年），发生了一件不测事件。

叶赫部、乌拉部、哈达部、辉发部居然共同派出使者出使建州，拜见努尔哈赤，向其赔礼道歉，表示愿意握手言和。尤其是叶赫部，布扬古贝勒主动要将美女东哥嫁给努尔哈赤。对叶赫的态度，大家感觉一头雾水。

哈达何去何从？是依附叶赫，还是依附建州，抑或是依附明朝？正当哈达方向不明之时，叶赫部的贝勒纳林布禄之弟锦台什出面，参与政务决策。锦台什个性鲜明，具有莽撞的性格特征。

锦台什态度明确，坚决反对建州向哈达渗透势力，并做出了一系列动作。锦台什大声号叫着，要为祖上雪耻：“九部联军的失败，是我们的耻辱！此仇不报，誓不为人！”这个莽撞无比的锦台什还做出了一个非常错误的决定：毁婚，他毁掉了叶赫早年与哈达贝勒孟格布禄的婚约。不仅如此，锦台什居然在万历二十七年（1599年）五月，悍然出兵，肆无忌惮地掠扰哈达部。

这个愣头青无缘无故地对哈达做了很多不利的事情。本来哈达部对各方的态度是暧昧的，不明朗的，锦台什的莽撞行为，一下子激怒了哈达首领孟格布禄，他愤怒，想要发兵雪耻；可是，叶赫太强大，哈达等于鸡蛋碰石头，怎么办呢？一个念头浮现在孟格布禄的脑海里。

摇　摆

分析哈达的政治形势，用一个词来形容最合适不过了，那就是“摇摆”。摇摆不定的人，做了一个摇摆不定的决策，导致哈达发生了不可逆转的事件。这个摇摆之人就是哈达部的首领孟格布禄。

孟格布禄做了两次政治摇摆。

一次是从依附叶赫改为依附建州。

万历二十七年（1599年）五月，叶赫部出兵骚扰哈达部之后，孟格布禄大为恼火，也很头疼。他思来想去，想要寻找一条出路。不过，柔弱的孟格布禄没有想出更好的办法：必须要寻找靠山，才能保证哈达不亡，也才能保证自己的安全。

孟格布禄决定，抛弃叶赫部，转而投靠建州部的努尔哈赤。可是，孟格布禄清楚，他和努尔哈赤之间多年恩恩怨怨，先是富尔佳奇寨中偷袭努尔哈赤，努尔哈赤坠马，差点儿被孟格布禄杀死。接着，哈达部参与了九部联军入侵建州的战争，与努尔哈赤结下深仇大恨。

必须要拿出诚意。孟格布禄一咬牙，决定送自己的三个儿子到建州作为人质，当时称之为“质子”。但是，努尔哈赤有些迷惘，心想，这个狡猾的孟格布禄，究竟要干什么呢?

孟格布禄说要向建州借兵，借兵的目的是防御和打击叶赫的进攻，保卫哈达的安全。

《东北夷情议》记载:“孟格布禄不支，以子女质建州，借兵。”

努尔哈赤一听笑了，满口答应孟格布禄的要求；不过，他并没有客气，接收孟格布禄的三个儿子，作为出兵的条件。很明显，这对孟格布禄是一个严重的威胁。

大家不明白，哈达与建州血海深仇，为什么要帮助他呢? 努尔哈赤讲了两个原因。

一是哈达富裕，粮草充足，将来一旦战事起来，可以作为粮草供应地；

二是可以阻止叶赫部势力扩大。如果建州拒绝哈达，哈达极有可能再次倒向叶赫部，那个时候，叶赫大军就会兵临建州，形成肘腋之患。

大家这才恍然大悟。

于是，努尔哈赤履行了自己的承诺，积极派遣兵力，支援哈达部。努尔哈赤派出大将费英东和噶盖领兵两千名，进驻哈达，防御叶赫部。

到这儿，按说事件算是告一段落了。孟格布禄找到了自己的新靠山，实现了抗衡叶赫的目的；建州努尔哈赤出兵哈达，虽没有占领哈达，却把势力延伸到了这里，把建州的势力范围大大向前推进了一步。

可事情很快发生了逆转，谁都没有想到的事情发生了。这就发生了第二次政治摇摆：哈达由依附建州再次改为倒向叶赫。

人们都不明白，究竟是什么原因，使孟格布禄如此反常呢? 原来，叶赫使用了“美人计”，用一个美女做诱饵，引诱孟格布禄上钩。

叶赫许诺，如果哈达把建州官兵杀死，或赶出哈达并要回在建州的三个质子，就会答应早年与孟格布禄的婚约。孟格布禄一听，大喜过望，满口答应，双方商议，在开原秘商此事。

这个大美女是谁，如此吸引孟格布禄，使他利令智昏，置国家利益于不顾？

不厚道

叶赫部承诺给孟格布禄的美女，不是别人，正是大美女东哥。这个东哥貌美如花，名扬女真各部，号称“满蒙第一美女”。可是，东哥又是一颗丧门星，简直让人闻风丧胆。《满文老档》记载：“此女之生，非同一般者，乃为亡国而生矣！以此女故，哈达国灭，辉发国亡，乌拉国亦因此女而覆亡。”

《满文老档》所记，虽然有些过分，但也反映出这个女人的能量和影响之大。这个东哥，当年曾经许婚给努尔哈赤，如今又被叶赫许婚给哈达部的孟格布禄，看看努尔哈赤的反应如何。

果然不出所料，努尔哈赤大发雷霆之怒，马上决定出兵，征伐哈达。

万历二十七年（1599 年）九月，努尔哈赤下令讨伐哈达，他的弟弟舒尔哈齐率先请战，愿意领兵一千做先锋，攻打哈达城。

可是，舒尔哈齐目的不纯，他本想通过此举赢得头功，却没想到哈达城坚不可摧，加之哈达兵早有准备，出城迎战，势不可当。舒尔哈齐为了保存实力，便按兵不动。

努尔哈赤闻听，质问舒尔哈齐。舒尔哈齐道：“他们早有准备，恐怕很难攻下。”努尔哈赤大怒道：“岂有此理！你是害怕了吧？难道等他们没有准备再来攻城吗？”

于是，努尔哈赤决定自带人马，亲自攻城。这个时候，舒尔哈齐的士兵挡住了道路，努尔哈赤下令绕道攻城，一场艰苦的攻坚战开始了。

这时的哈达城万箭齐发，射向努尔哈赤的士兵，努尔哈赤将士伤亡惨重。但是，努尔哈赤下令不许撤退，强攻城池。双方展开拉锯战，互不相让。终于，到第七天，建州兵攻下了哈达城，大将杨古立一马当先，活捉了孟格布禄。

孟格布禄叩见努尔哈赤，五花大绑。看着孟格布禄，努尔哈赤百感交集，当即走下宝座，给他松了绑，并赏赐给他貂皮帽、豹皮帽。最让人感动的是，努尔哈赤把自己的女儿嫁给了孟格布禄。至此，孟格布禄已经是热泪盈眶。

可是，这个孟格布禄居然恩将仇报，干了件大逆不道的事情。

一是奸污汗妻。这不是色胆包天了吗？努尔哈赤的女人他也敢动，真是不想活了。

二是竟敢谋反。他居然勾结噶盖，想要造反。

努尔哈赤听了孟格布禄的罪状，震怒之余，不想再见到他了，狠狠地下令：“处死这个孽畜！”就这样，孟格布禄被处死在了建州，他的两个女人松代和素代被努尔哈赤赏给了将士。

这件事，努尔哈赤是没错的。可是，明朝与哈达关系密切，又不愿意看见努尔哈赤势力壮大，便下旨责备努尔哈赤，并停止给建州贡赏。努尔哈赤怎么办呢？他居然采取了两面派的手法。

一面积极答应朝廷。发誓保留哈达部，把孟格布禄的次子格巴库及其部众一百二十家送还哈达；同时，把女儿莽古济嫁给吴尔古代。

一面阳奉阴违。努尔哈赤把吴尔古代扣在建州，并囚禁起来。

明朝侦知努尔哈赤的两面派做法，便大加责备。努尔哈赤赶紧敷衍，把吴尔古代送还哈达。不过，哈达祸不单行，闹了一场大饥荒。

无能的吴尔古代不得不向老丈人努尔哈赤求援。这次，努尔哈赤做了一件最不厚道的事情——出兵，彻底占领了哈达。

『挥发』的『辉发』

灭掉了哈达，努尔哈赤“近攻远交”的策略得以巩固，近在咫尺的辉发部就危在旦夕了。辉发能不能生存下来，成为大家关注的焦点。更糟糕的是，辉发遇到了一个不负责任的首领，辉发没有希望了。

谁骗了谁

辉发部的位置对于它周围的乌拉、叶赫、建州都很重要，具有重要的军事意义。

辉发是叶赫的臂膀，占领辉发，它可以把军事布置在建州的边境线；辉发是建州的经济命脉，周边地区很多名贵的特产贸易必须经过这里中转，如东珠、紫貂等，正是建州贵族所必需的物品。所以，建州与叶赫都在争夺辉发，谁先占领辉发，掌握了这里的军事主动权，谁在这里称霸就会多一分把握。

可是，一直以来，辉发与叶赫之间关系密切，有资料显示，辉发部的首领拜音达里是叶赫部纳林布禄的部将。这就难怪了，叶赫与辉发之间一定是关系最紧密、最融洽的了。

可是，天有不测风云，谁也没想到，本来很默契和谐的两部关系，突然之间发生了巨大变化：叶赫与辉发之间反目成仇。究竟是怎么回事呢？原来，叶赫部的掌门人纳林布禄欺骗了辉发部首领拜音达里。

纳林布禄这个人喜怒无常，言而无信，在政治上不仅野心极大，而且善于做政治骗子。他首先就骗了辉发部首领拜音达里。

查证史料，纳林布禄分三次骗了拜音达里。

第一次是背着拜音达里，收留辉发部的叛众。万历三十五年（1607年）九月，拜音达里为了夺取辉发部最高权力，发动政变，杀死了自己的亲叔伯等七人，以极其血腥的手段夺取了最高统治权。为此，辉发部民非常反感；同时，辉发部民也不愿意跟随这样一位首领。于是，大家纷纷出逃，大部分人都选择了临近的叶赫部。毫无疑问，对于拜音达里来讲，叶赫既是盟友，就不应该收留这些“叛民”。纳林布禄却背着拜音达里，来者不拒，照单全收。在感情上，纳林布禄首先欺骗了拜音达里。

第二次是纳林布禄欺骗拜音达里，若他撤回在建州的质子，就可以归还所有逃往叶赫的辉发“叛民”。《满洲实录》记载：“尔若撤回所质之人，吾即反尔投来族众。”

这里说明一下，拜音达里惧怕叶赫出兵辉发，便把所属七位头人的儿子送往建州，作为人质，并乞求努尔哈赤出兵驻防辉发。努尔哈赤答应了拜音达里的要求，派出一千人的队伍，进驻辉发。

正因此，叶赫非常敏感，十分关注。纳林布禄赶忙想办法补救，他第二次欺骗拜音达里，做了上述承诺。拜音达里相信了纳林布禄的谎言，急忙撤回在建州的质子。结果，让他大失所望的是，纳林布禄并没有兑现诺言，逃往叶赫的辉发“叛众”迟迟不让回归。

第三次是纳林布禄对拜音达里进行骗婚。纳林布禄担心拜音达里与努尔哈赤联盟，对叶赫十分不利，便故技重演，搬出了叶赫部的一个女人进行政治诈骗。

这个女人不是别人，正是“满蒙第一美女”东哥。东哥也真是个不得了的人物，出于政治的需要，被搬来搬去，一会儿嫁给这个，一会儿又要嫁给那个，这次的使命是嫁给拜音达里。

要说叶赫使用东哥骗婚也不是一次了，拜音达里应该有所耳闻，理当明白叶赫不会真的把东哥嫁给他。可是，拜音达里利令智昏，居然对东哥充满希望，垂涎三尺。于是，他答应了叶赫的要求，与建州努尔哈赤再次反目。

悲哉，拜音达里居然三次被骗，最终的结局可想而知。

谁又骗了谁

要说努尔哈赤作为一位杰出的政治家，精明、强干、睿智，一般不会上当受骗。可是，对于辉发的拜音达里，努尔哈赤却是屡次上当。

第一次上当是听了拜音达里的蛊惑，向辉发派出一千人的队伍，保护辉发的领土安全，不被叶赫纳林布禄侵犯。

第二次是拜音达里向努尔哈赤骗婚。

这次的拜音达里实在是太厚脸皮了，他派出使者，大言不惭地说自己上了纳林布禄的当，还是希望建州与之结盟，做辉发永久的靠山。为了骗取努尔哈赤的信任，拜音达里竟然采用骗婚的手段。

他假装诚心地对努尔哈赤道：“请把您的女儿嫁给我吧。”拜音达里还指名道姓，要娶努尔哈赤指婚给常书的那个女儿。努尔哈赤虽然为难，但还是答应了拜音达里的要求。

可是，努尔哈赤上当了，拜音达里一面向努尔哈赤骗婚，一面与叶赫暗通款曲。一旦叶赫与之承诺什么，他便马上毁婚。果然，当叶赫利用东哥哄骗他的时候，拜音达里马上与努尔哈赤毁婚。

努尔哈赤还一再催促拜音达里，要他尽快履行婚约。拜音达里继续欺骗道："我的儿子在叶赫做质子，等我儿子回来之后，我马上履行婚约。"可是，后来，拜音达里的质子回到了辉发，他仍然拒不履行诺言。

毫无疑问，努尔哈赤再次遭到了拜音达里的欺骗。

奇怪了，努尔哈赤缘何屡次遭到拜音达里这个小人的欺骗呢？

最主要的原因，就是努尔哈赤渴望得到辉发的心太迫切了，为了实现这个目标，他被拜音达里的谎言蒙蔽住了。

屡遭蒙骗的努尔哈赤灰头土脸，建州上下对他颇有微词。所以，努尔哈赤很恼火。即便如此，努尔哈赤仍然对拜音达里抱有幻想，希望他回头是岸，早日履行诺言。

遗憾的是，拜音达里不仅一次次欺骗努尔哈赤，而且加强战备，防范建州出兵辉发。为此，拜音达里亲自督办城防建设，筑起三重城墙，一切准备就绪。他认为万无一失，不再害怕外敌入侵，便悍然宣布与努尔哈赤毁婚。

至此，努尔哈赤才真正清醒，他勃然大怒道："马上出兵辉发，给我荡平辉发城，千刀万剐拜音达里这个大骗子！"

为了万无一失，努尔哈赤采取了一个军事进攻的技巧：里应外合。他精心进行了部署，选择了一些精干士兵，打扮成生意人，进入辉发城，成为建州内应，大约百人。这些内应详细调查了城内的布防情况，画成图，交给努尔哈赤。因此努尔哈赤对辉发城内的情况了如指掌。

一切准备就绪，努尔哈赤发兵攻城。大兵压境之下，拜音达里倒不含糊，他率领将士，坚信守城必胜。可是，他万万没有想到，城里的内应泄露出城防的机密，再坚固的城墙也无济于事了。

一时之间，努尔哈赤奋力攻坚，与城内里应外合，尽管战事非常惨烈，最终还是攻破了城门。努尔哈赤急不可耐地率领骑兵突入，他就想手刃拜音达里，一雪前耻。可惜，拜音达里父子在战火中双双殒命。

看着他的残骸，努尔哈赤也不禁失声叹息。

尴尬的乌拉

努尔哈赤与乌拉部首领布占泰是女真族两个杰出的英雄，两个人都深谋远虑，均有称霸女真的野心。于是，两位你来我往，二十余年分合离聚，斗智斗勇。慑于婚姻关系，他们经常处于尴尬境地。建州部与乌拉部，就在尴尬中决定了生死存亡。

天　恩

努尔哈赤使用武力，先后灭掉了哈达与辉发，下一个目标便锁定了乌拉。

实际上，乌拉距离建州很远，努尔哈赤与之基本上没有什么交往。可是，随着统一大业的进一步发展，努尔哈赤对乌拉产生了浓厚的兴趣。

乌拉部的掌门人布占泰与建州努尔哈赤之间有着千丝万缕的关系。其中，努尔哈赤对于布占泰来说，可用“恩人”二字来概括。

这件事要追溯到万历二十一年（1593年）古勒山大战，努尔哈赤大败九部联军，他正在高堂之上与诸将庆贺。突然，殿外来报：有人要叩见大王，是一个乌拉部的俘虏，名叫布占泰。

努尔哈赤第一次见到布占泰，并不认识他。实际上，布占泰在乌拉部是个尽人皆知的人物。他是贝勒满泰的弟弟，关键是布占泰武功高强，骑马射箭功夫了得，有个外号叫“左弓”，箭术达到炉火纯青的地步。

可是，这会儿不行，布占泰要收敛自己，因为他是努尔哈赤的俘虏。建州武士抓获他，举刀就要砍死他。布占泰赶忙求饶道：“饶命，饶命，千万别杀我，我有的是钱，就用钱换取我的性命吧！”说完叩头不止。

就这样，武士把布占泰带到了努尔哈赤面前，他仍然是叩头不止，不敢抬头：“大王饶命，今天作为您的俘虏，生死由您决断！”

努尔哈赤看了一眼布占泰，本想一刀杀了他。可是，转念一想，又改变了主意。努尔哈赤作为一个政治家，不会逞一时之威，他从长远角度看，留着这个俘虏，将来会派上大用场。于是，他下令：“你既然如此求我，我怎么能坚持杀掉你呢？”命人给布占泰松绑，并赏赐了珍贵之物。

这件事儿很快传到了乌拉贝勒满泰的耳朵里，他得知弟弟布占泰在建州被俘，便多次派遣使者面见努尔哈赤，要求释放布占泰回乌拉部。努尔哈赤一概予以拒绝，满泰别无他法，便把布占泰的家眷移送到建州，让他安心在建州生活。

努尔哈赤对于布占泰居然产生了神奇的心理变化。开始要杀他，视为仇敌；当了解到布占泰武功了得、心怀大志的时候，又产生爱怜之意，打心眼里喜欢这个人。

努尔哈赤断定，与之联姻，将来肯定获益匪浅。查阅史料，努尔哈赤与布占泰之间频频联姻，居然达到五次之多，前所未有。

建州三次嫁女给布占泰为妻：努尔哈赤亲女穆库什、舒尔哈齐之女额实太和娥恩哲。

布占泰两次聘女给建州：聘满泰之女阿巴亥给努尔哈赤为妻；聘布占泰妹妹给舒尔哈齐为妻。

布占泰与满洲之间，就发生了这么五次婚姻关系。这对于布占泰来说，是一种莫大的恩德，是努尔哈赤施恩与乌拉，施恩与布占泰的重大举措。

但是，雄心勃勃的布占泰并不满足，他胸怀大志，并非饱食终日之人。在建州生活的三年时间里，他时刻关注着乌拉的时局变化。一个千载难逢的机会终于降临到了布占泰的身上。

撕　脸

万历二十四年（1596 年），乌拉部发生内乱，贝勒满泰父子二人做了一件令人羞于启齿的事情，满泰父子居然将两名妇女奸污。事发后，两名妇女的丈夫一怒之下杀死了满泰父子。这样，乌拉部处在无主的状态。

布占泰的机会来了，努尔哈赤也认为这是天赐良机，他积极支持布占泰返回乌拉，接掌乌拉贝勒，建立一个亲建州的政权。于是，努尔哈赤派两员大将护送布占泰回归本部。

意外发生了，布占泰的堂叔兴尼亚也盯上了贝勒之位，他带兵前来，企图杀掉布占泰，至少要阻止布占泰回归，双方对峙。两位建州大将严阵以待，紧紧护持布占泰。兴尼亚一看，难以实现自己的目的，便放弃了非分之想，逃往叶赫部。这样，布占泰在努尔哈赤的武力支持下，成功接班，成为乌拉部的大贝勒。

大家想一想，努尔哈赤对于这个布占泰来讲，那简直就是再造的父母，恩重如山，他应该向努尔哈赤指天发誓，今生今世，永远与建州结好，做好邻居，好伙伴。努尔哈赤在布占泰面前也会有一种居高临下的优越感。

开始，布占泰确实做出了与努尔哈赤友好的种种姿态，又是联姻，又是拜见，哄得努尔哈赤很高兴，感觉自己当年不杀布占泰的决策是正确的，多年的心思没有白费。而且，由于五次联姻，努尔哈赤与布占泰之间形成了一种奇妙的亲戚关系：努尔哈赤是布占泰的女婿兼岳丈，布占泰也是努尔哈赤的女婿兼岳丈。比这亲近的关系实在是不好找了，双方理应充满幸福和信任。

常人会如此，努尔哈赤和布占泰就很难。因为两人绝非等闲之辈，而是胸怀天下的枭雄。努尔哈赤要雄霸女真，布占泰也要雄霸女真。终于有一天，双方撕破了脸皮。

导火线是乌拉部附属部落的一次政变。万历三十五年（1607 年）正月，乌拉附属斐优城主策穆特黑来到赫图阿拉，向努尔哈赤求援，要求摆脱乌拉部的统治。努尔哈赤惊道：“为什么呢？我部向来与乌拉结好，怎么好意思接受你们呢？”

策穆特黑立即跪下，哭诉了布占泰的种种罪恶：“大王请收留我们，布占泰欺辱我们弱小，经常虐待我们，根本不把我们当人看。”

努尔哈赤当即怒道：“岂有此理，布占泰忘记自己的身份和地位，怎能如此自大欺人！”于是，他答应了策穆特黑的请求，派出舒尔哈齐、褚英、代善领兵三千，前往接收斐优城的部民归附建州。

这件事很快被布占泰侦知，他大怒道：“这个老酋，竟敢挖我的墙脚，我与你势不两立！”就要点将起兵。

谋士赶忙拦下布占泰，说道：“此事非同小可，建州人强势重，斐优城才弃我们而投靠建州。如果我们贸然出兵，不但伤了亲家情谊，还会损兵折将，闹得局面不可收拾。”

布占泰道：“依你之见呢？我们就白白丢了斐优城的人，受此侮辱不成！”谋士道：“此事若办，需要夜间突袭。这样，既可稳操胜算，又可找机会转嫁于建州。”

布占泰连连点头，他赶忙召集高级将领开会，策划这个军事行动的详情细节。

“防卫过当”

对于布占泰，努尔哈赤有所预感，知道他胸怀大志，感觉接收斐优城民的事有点儿对不住他，也惧怕他万一军事干预，后果会不堪设想。所以，做了军事上的准备。可是，舒尔哈齐表面赞成，内心却顾虑重重，他不愿意与布占泰公然翻脸。

清史大家孟森这样写道：“既为妇翁，又为两女之婿。”

所以，舒尔哈齐在行军途中故意找碴儿。发兵当晚，当他看到旗子上闪出一道白光之后，便大造舆论，说出师不利，应该班师回朝。褚英和代善则坚决反对，大军继续前进。到达斐优城后，收到城民五百户，令大将扈尔汉率军护卫返回。

这个时候，布占泰再也坐不住了，大叫着：“太欺负人了，到家门口抢人，我要‘正当防卫’！”他命令大将博克多率一万大军前往截击，在乌碣岩设下伏兵，一旦建州军通过，一举歼灭。

得到布占泰伏兵的消息，舒尔哈齐又一次提出退缩，不肯迎战，居然带领五百名军士滞留观望。

就在这个关键时刻，褚英和代善挺身而出，登上高台，做了慷慨激昂的演讲：“弟兄们，布占泰并不可怕，大家想一想，他曾经是我们的俘虏，用铁链子锁住脖子，向我的父王求饶。如今，他背信弃义，上天都不会放过他，我们害怕什么？我军必胜！建州必胜！”大家听了他们的演讲，高喊着口号，斗志昂扬。

褚英与代善一马当先，与乌拉兵展开激战。可想而知，两千人对一万人，建州兵处于极度劣势；而且，乌拉兵是伏兵，半路伏击，建州胜算不大。

可是，建州军有英勇善战的将领做表率，士气大振。代善冲锋在前，首冲敌阵，乌拉部主帅博克多迎战代善，只几个回合，就被代善生擒，斩于马下。博克多的覆灭，震惊了乌拉士兵，他们惊慌失措，纷纷溃逃，狼奔豕突。

就这样，代善和褚英领导的建州军以少胜多，取得了乌碣岩战役大捷。这场战争的胜利，具有重要意义：改变了建州与乌拉的军事力量对比，壮大了建州的实力。不仅收缴了五千匹马，还得到了甲胄五千副，大大提高了建州军的装备水平。更为重要的是，鼓舞了建州军的士气，坚定了战胜乌拉的信心和决心。

捷报传来，努尔哈赤大喜，犒赏三军将士：舒尔哈奇为达尔汉巴图鲁，褚英为阿尔哈图土门，代善为古英巴图鲁。

布占泰得到了一个教训。他很沮丧，也很愤怒。努尔哈赤在他的家门口掠夺人口和财物，本属错误，不顾及亲情，枉为长辈。乌碣岩大战对于布占泰来说，算是“正当防卫”，顶多是“防卫过当”。可是，这次战争，乌拉和布占泰亏大了。因为，努尔哈赤说：“这不算完，迟早是要教育布占泰，要让他为此付出沉重的代价！”

努尔哈赤竟然拿不是当理说，又要发动一次军事入侵。万历三十六年（1608年）三月，他命令褚英和阿敏领兵五千，入侵乌拉部的宜罕城。守兵力不能支，遭到建州兵的洗劫：斩杀一千人，得甲胄三百副；牲畜、人口尽行掠夺。

很明显，建州对宜罕城用兵，是一次侵略行为。努尔哈赤说他是报布占泰乌碣岩伏击之仇，是正义之师；布占泰则说他那是正当防卫，屡屡遭到建州兵的入侵，各执一词。

“胯下之辱”

历史上，有韩信“胯下之辱”的故事。这里，也发生了类似的故事：布占泰受辱于努尔哈赤。努尔哈赤为了吞并乌拉，屡屡寻找机会甚至会在大庭广众之下羞辱布占泰。

万历四十年（1612 年）九月，努尔哈赤发兵乌拉，借口是布占泰欺辱了他的女儿，也就是早年努尔哈赤嫁给布占泰的娥恩哲公主。《清史稿》记载：“（布占泰）以鸣镝射所取太祖女。”

除此之外，《清太祖实录》《满文老档》也都做了相同的记载。实际上，这个娥恩哲并非太祖之女，而是舒尔哈齐的女儿，努尔哈赤的侄女。即使如此，鸣镝射女，仍让努尔哈赤不能接受。鸣镝，是一种带响声的箭；镝，就是箭头的意思。

布占泰是否真的用鸣镝射了自己的女人，资料没有进一步记录。而努尔哈赤则以此为借口，亲自领三万大军，征伐乌拉。不过，面对强大的乌拉国，仅凭一时之怒，就把它荡平灭亡，还是很难做到的。为此，努尔哈赤采取了两个军事技巧。

一是剪除乌拉城周围的小城，对乌拉城形成包围之势，使其孤立无援。努尔哈赤统率大军一举攻克乌拉城周围六座小城。

二是放火烧粮。在努尔哈赤占领的金州城，努尔哈赤下令放火烧粮，熊熊大火，烧掉了乌拉的粮草。

本来，布占泰也是有策略的，他不与努尔哈赤做正面交锋，而是采取了游击战术，无论白天还是夜晚，用小股兵力袭击建州军，搅得努尔哈赤心烦意乱。可是，当努尔哈赤大火烧粮的时候，布占泰再也坐不住了。

怎么办呢？他决计向努尔哈赤求和，请他退兵。

布占泰派出了大臣吴巴海来到努尔哈赤大营前，他喊道："汗父，您这次不过是一时之怒才出兵的，请您退兵吧。"见没人回应，吴巴海反复喊叫。无奈，吴巴海回去复命。布占泰又挑选了两位能说会道的大臣前往喊叫，劝努尔哈赤退兵，都无济于事。

事已至此，布占泰长叹一声，只好自己亲自出马了。于是，他带领六员大将来到努尔哈赤大帐外求见，努尔哈赤这才闪亮登场。只见他身穿灿亮的铠甲，骑着高头大马，缓缓走进乌拉河，待清凉的河水齐至马腹，停在河中央。

布占泰见状，慌忙叩头，道："汗父，布占泰向您请罪。乌拉部是汗父的部，乌拉的粮是汗父的粮，请您熄火退兵吧。"

努尔哈赤怒道："布占泰你听好了，你本是我的俘虏，当年没有杀你，还扶持你做了乌拉部的首领；多次与你联姻，施恩与你。可是，你竟敢射我格格，羞辱我爱新觉罗的名声，你还有什么话说吗？"

布占泰赶忙再叩头道："汗父，千万别听信谗言。我哪敢做如此大逆不道之事，我向你发誓，绝对没有射辱格格之事，否则不得好死！"努尔哈赤没有作声。

这时，布占泰的随侍大臣拉布泰道："汗王，您大可不必为此而兴师动众，派一位使臣来调查就是了。"

努尔哈赤一听勃然大怒道："拉布泰，你听好了，此事我早已调查清楚，要你来嚼舌头吗？”布占泰赶紧制止拉布泰，但他看努尔哈赤在气头上，也不敢说什么。

这个时候，布占泰的弟弟喀尔喀玛道：“汗王息怒，我们向您道歉，您说怎么办，我们领命。”

至此，布占泰已经伏地多时，所受待遇，就似胯下之辱一样。

努尔哈赤想了想，已经无话可说，便扬声道：“既如此，我提个条件，限你几日之内，把你部几个大臣和你的儿子送到建州做质子，表达你的诚意；否则，别怪我大兵再来，到时候，你就无可挽回了。”说完，努尔哈赤返回了大营。

“祸水”

努尔哈赤大兵压境，羞辱了布占泰之后，提出了一个条件，要求布占泰将大臣和儿子作为质子，羁押在建州，才算了事。

可是，布占泰受此“胯下之辱”，心中不服，表面答应了努尔哈赤的无理要求，暗中却反其道而行之。他决定不送质子给建州，而送质子给叶赫。

送谁去叶赫做质子呢？布占泰经过考虑，把自己的一对儿女，以及十七位大臣之子，送往叶赫做质子。

努尔哈赤听后，怒不可遏。接下来的报告，更让他按捺不住了。什么事情把努尔哈赤气成这样了呢？

原来，布占泰做了两个挑战努尔哈赤的决定：一是囚禁努尔哈赤和舒尔哈齐的两个女儿；二是强行聘娶东哥为乌拉部的压寨夫人。

布占泰的这个决定可要命了，尤其是他要强娶东哥。这个女人本是早年叶赫答应给努尔哈赤的女人，努尔哈赤几经周折都没能实现，已经是心中的屈辱了。如今，布占泰竟然要强娶东哥，这不是挑战努尔哈赤的心理底线吗？

都说红颜祸水，是指女人坏了男人的大事。有人总结出历史上十大红颜祸水，典型的有商朝的妲己，春秋的西施，西汉的吕雉，三国的貂蝉，晋朝的贾南风，唐朝的杨玉环，等等。

东哥在这个时候，真正成了“祸水”，一场战争因之而爆发。

万历四十一年（1613 年）正月十七日，努尔哈赤率领代善、阿敏，五大臣额亦都、费英东、安费扬古、何和礼、扈尔汉，统三万大军，浩浩荡荡，杀奔乌拉。这次出兵，从未有过的阵势：张扬黄盖，敲锣打鼓，吹奏唢呐。

正月十八日，抵达乌拉。探子来报：布占泰统领三万大军前来迎战。

努尔哈赤一听，不禁陷入了沉思：这次出兵，理由可不是很光彩，为的是美女东哥而来。此事张扬出去，会不会遭人耻笑呢？努尔哈赤开始沉默不语。

这个时候，代善挺身向前，大声道：“父汗，布占泰欺人太甚，叶赫欺人太甚。如果东哥被布占泰娶了去，我们还有何脸面？我们如何受这等屈辱？不要再犹豫了，赶紧下令吧。而且，这个忘恩负义的布占泰竟敢出兵迎战，我们一定要活捉他，食其肉，寝其皮！”

代善的一席话，竟然激发了大家的激情，将士们齐声高呼：“食其肉，寝其皮，活捉布占泰！”

努尔哈赤道：“不是我怕死，我是担心我的爱将因此而受伤。”

努尔哈赤此言一出，大家更是群情激昂，纷纷请战。这个时候的将士们心中只有一个念头：活捉布占泰，决不受“东哥之辱”。

两军对阵，双方先放箭，一时之间，箭如雨下，铺天盖地，双方各有伤亡。努尔哈赤一看，便做出了一个惊人之举，他拍马猛然冲入敌阵，杀将过去。

双方都惊呆了。就这一刻的工夫，激发了建州兵，他们一看努尔哈赤冲了出去，便勇猛地愤然冲进敌营。乌拉兵哪禁得住这等冲击，阵脚大乱，纷纷溃败，乱成一片。

大将安费扬古见状，便带领一班精兵，强攻乌拉城。将领们竖起云梯，强势进攻，乌拉城陷落了。安费扬古列队，迎接努尔哈赤从西门进入乌拉城。努尔哈赤走上城台，命令张扬建州大旗，便坐在城台之上，向外观看两军对战情况。

布占泰一看形势不妙，便带领一百余人的亲兵，杀出重围，直奔乌拉城而来。可是，他刚到城下，抬头一看，乌拉城上已是旌旗招展，都是建州的旗帜。很明显，乌拉城失陷了。

布占泰长叹一声，就要逃走，没想到代善大军追至，把他围在中间。

还好，天不灭他。代善一心要活捉布占泰，却不曾想布占泰老奸巨猾，侥幸逃脱了。

他会选择什么方向逃跑呢？布占泰这个时候会想到谁呢？东哥，这个绝世美人，在他脑海挥之不去。所以，布占泰带领近千人的残兵败将，逃往东哥的所在——叶赫而去。

东哥，这个“祸水”，毁掉了布占泰，也毁掉了乌拉。

第二章 前奏曲

努尔哈赤要成就一番大事业，单凭一腔热情是远远不够的。为此，一代枭雄努尔哈赤在诸多方面进行了充分的准备工作，力求使自己在称汗的道路上一步步走得更扎实、更稳健。

努尔哈赤既然确定了远大的目标，就做好了准备。准备什么，无论在什么时候，成就大事，都必须依靠三样东西：人、钱、物，还要自身过硬。这一切，努尔哈赤准备好了吗？

成功的资本

说起来奇怪，努尔哈赤时代，在周围的人们都还很懵懂的时候，他就懂得，要想干成大事儿，只有一个，那就是准备好钱，没有钱，什么也别想干成。那么，努尔哈赤有钱吗？

要说起来，努尔哈赤是个穷人，与继母生活在一起，父亲完全听继母的。而继母刻薄寡恩，要求与努尔哈赤分家单过。努尔哈赤得到的家产少得可怜，于是，他不得不靠自立生活。

努尔哈赤是个自强不息的人，在困难面前，在生活低谷的时候并不低头，他有一股不服输的劲头。于是，他靠着自己的韧劲儿，上山打猎，把猎取的珍物如狍子、貂、熊以及捡拾到的松子、榛子等，进行货物交换，到抚顺马市进行交易，换钱生存。不过，慢慢地，努尔哈赤就发现，这样辛勤劳动换来的钱还真不少，不仅可以生存，还有了积蓄。

努尔哈赤对于钱的追求是终身的，而不是一时的。直到他起兵之后也是如此，因为他知道，没有钱，就不会有一切。

总结努尔哈赤的财源，有两大渠道：一是东北女真族中的珍贵物品交易所得；二是明朝的贡赏。

女真社会中的珍贵物品都有什么呢？主要有珍珠、貂皮和人参等。产于东北松花江、黑龙江、图们江三江流域的珍珠被称为东珠，莹润晶莹，受到世人喜爱。当时的女真人是将这些珍贵的东珠，以及珍贵的皮毛等，通过一定渠道交易给明朝，换取大量银两。所以，努尔哈赤就要通过战争，夺取这些利益。

灭掉哈达部的原因是经济利益。努尔哈赤不仅可以占有哈达肥沃的土地，进行耕种收获粮食，还可以贯通到抚顺的参貂贸易通道，坐收渔翁之利。谁敢阻挡他的财路，他就打谁。《东北夷情议》记载："猛酋虽为奴婿，不能强江夷以貂珠之利与奴，奴憾猛酋不为他勾引江夷。"这里的"猛酋"就是哈达部的贝勒孟格布禄，努尔哈赤因为参貂珠的贸易，而出兵灭掉了哈达。

灭掉辉发部的原因也是经济利益。辉发部与哈达部一样，是产于黑龙江流域的珍珠、紫貂运往关内的必由之路。努尔哈赤决定一定要灭掉辉发，打通这个财源之路。哈达、辉发被灭掉之后，乌拉部就成为阻挡努尔哈赤进行交易的障碍了。努尔哈赤决定，一定要打掉它，贯通交易的通道。

努尔哈赤从万历二十七年（1599 年）征讨哈达开始，到万历四十一年

（1613 年）统兵灭乌拉，十几年的穷兵黩武，都是为了经济利益，都是为了钱。

所以，有些资料中甚至记录，说努尔哈赤是个贪财之人。《筹辽硕画》记载：“奴酋贪甚，得了江夷貂珠不与全价，奴酋却到抚顺关上卖货，又得了厚价。”其实，这就是说努尔哈赤通过倒买倒卖，从中渔利。可见，努尔哈赤是一个做买卖的好手。

努尔哈赤另一个发财的渠道是明朝的赏赐。还在万历十四年（1586 年）的时候，努尔哈赤就开始得到明朝的所谓“年例赏”，每年给他白银八百两，蟒缎十五匹，这在当时，不仅是一种经济来源，也是一种荣誉。

最主要的不是明朝的这点儿赏赐物品，而是有明朝廷的支持做后盾，可以让他赚到大钱。只要明朝廷支持他，他就可以在明廷控制的开原、抚顺、清河等集市上获取暴利。

这样，努尔哈赤看准了，一定不和明朝廷翻脸，不管受到多大的委屈都要忍，才可以赚到大钱。所以，努尔哈赤曾五次入京朝贡，拍着胸脯向明朝的皇帝保证，自己是忠臣，愿为大明保卫江山。其实，他就是为了从明朝的支持中获取暴利。

经过不懈的努力，努尔哈赤有钱了，在女真人生活的区域，他最有货，没人能和他比。

集结的“战狼”

努尔哈赤起兵的时候，势单力薄，没有几个人。

据资料记载，万历十一年（1583 年）的时候，他的士兵还不到一百人，披甲的人仅有三十人；万历十二年（1584 年）他的士兵达到了四百人，披甲人才到四十人，少得可怜。所以，万历十三年（1585 年），他统兵五十人攻打界凡城，披甲人也只有二十五人。包括万历十三年（1585 年），他带兵攻打哲陈部，所带兵士也就五百人，披甲人八十人。也难怪在各种战争中，努尔哈赤要亲自上阵了。可以说，这个时候的努尔哈赤，尽管有着一腔热情，但由于没有足够的兵员，力不从心，也是很难干成大事的。

怎么办？努尔哈赤是个聪明人，在那个弱肉强食的世界里，只有强权，才可以生存下去。所以，努尔哈赤认识到，必须发展壮大自己，唯一的出路就是要集结一群“战狼”，攻击敌人，才可以获得生存的空间。

既然认准了目标，就要拼命为之。努尔哈赤经过几十年的努力，实现了集结“战狼”的目标；使他的势力由弱而强，人数由少而多，最终“战狼”成群，势不可当。他是如何实现这一目标的呢？

一是首领投充的时候，带过来的“战狼”。

努尔哈赤起兵之后，建州一些部落的首领看好他，便纷纷带领族人投充他。比如，万历十六年（1588 年），就有三大部落的首领带领族人投充努尔哈赤的门下：苏完部的部长索尔果率领军民五百户前来投充；栋鄂部部长何和礼带领甲士三十人前来投充努尔哈赤；雅尔古部部长扈拉胡与儿子扈尔汉带领族众前来投充努尔哈赤；等等。

随着努尔哈赤势力的发展，投充他门下的头领越来越多。万历十七年（1589 年），努尔哈赤手下的首领达到了三十二名；万历二十四年（1596 年），首领达到了五十三名，每个首领都带来了很多兵士，集结在努尔哈赤的手下。

二是战争过后，大肆掠夺人口，使之成为努尔哈赤手下的“战狼”。

努尔哈赤多次征战女真各部，战争过后，把那些俘虏作为战利品掳入建州，使之加入努尔哈赤的“战狼”队伍。

既然认准了目标，
就要拼命为之。
努尔哈赤经过
几十年的努力，
实现了集结『战狼』的目标；
使他的势力由弱而强，
人数由少而多，
最终『战狼』成群，
势不可当。
他是如何实现这一目标的呢？

李寅语录

努尔哈赤创立的这种八旗制度，在皇太极时期又进行了完善，不仅有满八旗、蒙八旗，还增加了汉八旗。

万历二十六年（1598年），努尔哈赤发兵攻打叶赫部的内河、安楚拉库村寨二十多处，掠夺人口一万多；万历三十二年（1604年），努尔哈赤攻打叶赫部，连续攻下两城七个寨子，掠夺人口两千多人；万历三十六年（1608年），努尔哈赤出兵征讨乌拉部的宜罕山城，获得甲胄三百副，掠夺城中大量人口；万历四十一年（1613年），努尔哈赤发兵四万，征讨叶赫部，攻破大小城寨十九座，对其中的财物、人口进行大肆掠夺。

对占领地人口的掠夺，是努尔哈赤一贯的策略。掠夺来的人口，主要作为士兵的来源。由于身份为俘虏，他们低人一等，受到努尔哈赤洗脑之后，会更加为其卖力，成为努尔哈赤征战他国的“战狼”。如果不是战争状态，这些俘虏就会成为努尔哈赤的子民。《满文老档》记载：“分配俘虏，编成万户。”

除了投充和掠夺来的人口，努尔哈赤出于需要，战争在即，他还会向所属部落，或友好部落进行兵员征调，以补充兵员的不足。比如万历三十七年（1609年），努尔哈赤决定征讨叶赫部，便征调了红丹部落、土乙其部落、于伊婚部落、同可母部落、朴可部落等，扩充了兵员，增强了战斗力。

通过上述办法，努尔哈赤的势力迅速发展壮大，已经形成兵强马壮的局面。到万历二十四年（1596年）的时候，他还在费阿拉城，兵力已经相当可观了。

不妨统计一下他此时的兵力情况。这年，明朝的官员余希元来到建州，努尔哈赤派轻骑兵七千、骑兵九千、步兵一万，共计两万六千兵士迎接，这么大阵势，使余希元有些不知所措了。

到万历四十一年（1613年）的时候，努尔哈赤出兵，动辄四万大军，兵临城下，已经无人可比。这些集结在努尔哈赤麾下的“战狼”们，出生入死，为他的王国建立和发展，立下了汗马功劳。

个人素质

努尔哈赤之所以成就了一番大事业，与他非常优秀的个人素质是分不开的。

在这里，好多人对努尔哈赤的长相很感兴趣，先看一段资料对他的描述，《清太祖实录》记载：

龙颜凤目，伟躯大耳，天表玉立，声若洪钟，仪度威重，举止非常，英勇盖世，骑射轶伦，雄谋大略，用兵如神，而又至诚御物，刚果能断，任贤不贰，去邪不疑，凡所睹记，一经耳目，终身不忘。

从这段记录中，可以看出努尔哈赤有以下几个特点：

1. 身材伟岸，声音洪亮，风度翩翩。这是努尔哈赤从娘胎里带来的优良基因，是大家从其表面上一眼就可以看出来的东西。

2. 记忆力非常好。过目不忘的本领，并非一般人所具备的。努尔哈赤能够有如此惊人的记忆力，确实非常难得。

3. 勇敢果断。这是一个男人最优秀的基因了，努尔哈赤具备这个性格。

4. 谋略非常。这又是努尔哈赤的性格特质。

当然，这是努尔哈赤的后人为他总结的，不可否认有些溢美之词。但我们遍查史料，发现努尔哈赤确实非同寻常，他至少具备以下三个强大的个人素质。

一是"闯"的劲头。

"闯"包含什么？包含勇敢和一马当先的精神，努尔哈赤就具备这种精神。努尔哈赤的威望和凝聚力不是空谈来的，是他在战场上拼出来的。

努尔哈赤的勇敢并非盲目的，他平时训练出来的惊人的技能帮助了他。

万历十二年（1584 年），努尔哈赤率兵讨伐纳木占、萨木占、讷申，在最危险的时刻，他奋勇当先，飞身出来，张弓射箭，不仅射中了讷申的面部，而且连中四个敌人，萨木占被努尔哈赤结果了性命。万历十三年（1585 年），努尔哈赤征伐界凡城的时候，利用自己过硬高超的骑术、刀术、箭术杀死了敌人，一刀将讷申劈成两半儿，一箭射死巴穆尼，使敌人闻风丧胆。

努尔哈赤的“闯”字还体现在他的拼命精神，对于有着尚武精神的民族来讲，这非常重要。

万历十二年（1584 年），努尔哈赤带兵攻打栋鄂部，在交战中，他连中两箭：先是头部被箭射中，接着是颈部又中一箭，箭头穿过皮肉，进入骨头，鲜血哗哗地流下来。努尔哈赤毫不畏惧，拔下箭支，拼死作战，最终失血过多，昏厥过去，直到第二天才苏醒过来。

万历十四年（1586 年），努尔哈赤率部攻打鄂尔浑城的时候，更是单枪匹马，率先冲出，结果被敌人锁定目标，乱箭齐发，身中数箭，三十多处血伤，仍然不下火线，砍死一人，射死八人，让敌人闻风丧胆。

二是“智”的基因。

毫无疑问，努尔哈赤具有超乎常人的智慧，凭借智慧，不仅打败了敌人，也为自己建功立业打下了基础。

努尔哈赤是个非常聪明的人，他通过《三国演义》《水浒传》这些通俗易懂的作品，悟出了很多指挥军事战争的技巧，凭借这些技巧，保住了性命，打败了敌人。

战场上厮杀，往往是九死一生。努尔哈赤凭借智慧，多次脱险，保住了性命。比如，有一次面对强敌，努尔哈赤的战马都已经吓坏了，他怎么办？他便连续做出假动作，麻痹敌人：先是假装在雪中寻找东西，缓缓撤退，使敌人放松了警惕；接着，他在隐蔽处制造了一个假象，把很多头盔和帽缨暴露给敌人，使其感觉有很多伏兵，敌人便不敢轻举妄动。努尔哈赤趁机逃走，保住了一条命。

在战术上，努尔哈赤更凭借智慧，取得了胜利。

交战术。两军交战中，势均力敌或是不如敌人怎么办？努尔哈赤往往能够变被动为主动，尤其能够以少胜多。万历二十一年（1593 年）的古勒山大战，九部联军拥有 3 万之众，数倍于努尔哈赤军队。努尔哈赤采用了几个战术：

以逸待劳之术。面对气势汹汹的九部军，努尔哈赤不为所动，以静制动，蓄势待发。

凭险待战之术。努尔哈赤决定在古勒山歼灭敌人，就是因为这里地势险要，他可以居高临下，利用滚木礌石打败强敌。

诱敌深入之术。先是假装抵不过对方，败退而走，把敌人引入伏击圈，然后伏兵四出，出其不意，攻其不备，一举歼灭敌人。

攻城术。那个时候，取得胜利的标准，就是攻下敌方的城池，把己方的旗帜插上敌人的城楼，然后，对城池的财物、人口尽行掠夺，就算是大获全胜了。努尔哈赤每次攻下城池，都是这种做法。所以，他研究出了一套缜密的攻城之术。

最常用的一套办法就是里应外合之术，利用间谍深入敌城，刺探城内的军事部署情况，或策反，或内外呼应。《三朝辽事实录》记载："奴酋最狡，善用奸细；我之动静，无不知悉。"比如万历三十五年（1607 年），努尔哈赤进攻辉发城之前，派遣大量间谍，分批潜入辉发城内，扮作生意人，间谍多达百余人，潜伏城内。谍工反馈的消息，使努尔哈赤对城内的情况了如指掌。于是，建州兵临城下的时候，内外夹攻，导致辉发城失守，辉发部灭亡了。

三是“大”的格局。

“大”这个字，对努尔哈赤来说，很合适。他有很大的格局，才成就了很大的事业。具体来讲，他主要有以下几“大”。

“大”的心胸。努尔哈赤从小就处境艰难，家庭不幸。继母的寡恩，生活的艰辛，可谓没有多少顺心的事。但是，努尔哈赤并不拘泥于此，不计较家事、琐事。尤其是盆盆罐罐的家长里短，他从不关注，心胸宽大得能够装下整个世界。

“大”的目标。努尔哈赤不是一个小富即安的人，否则，当他统一建州的时候，就可以高枕无忧地享受生活了。他放眼整个女真，还不止于此，放眼整个辽东，再扩展到蒙古和朝鲜，甚至准备灭掉明朝，建立一个大帝国。这样的眼光，对于一个偏于一隅的女真人来说，实在是无人匹及。

“大”的城府。努尔哈赤有着极深的城府，这与他的祖上基因有关，也与他后天的培养有关。他的祖上一直自强不息，求得功名，当他们遇到困难的时候，便会寻找机遇，在夹缝中生存。尤其是后天的历练，使努尔哈赤在艰辛、复杂、危险的环境中，锻炼得狡黠而机警，城府极深。

努尔哈赤这些优秀的个人素质成就了他，也遗传给了他的后人。

导师

努尔哈赤做过导师，一个真正的导师。他指导过专业人员，非常专业，也非常具体，究竟是什么专业的导师呢？两个专业，一个是语言文字专业，另一个则是组织人事专业。

导师无情

先说语言文字专业。

努尔哈赤之前的女真人有没有自己的文字呢？没有。为此，当时的金国开国皇帝太祖完颜阿骨打为了交流便利，便做了一回导师，指导专业人士，创制了女真文。《金史》记载："天辅三年八月，字书成，太祖大悦，命颁行之。"

其实，创制一种通行的文字谈何容易。发明者完颜希尹是个关键人物，虽有导师金太祖的支持，但是，工作得由他来具体操刀。

完颜希尹是一位具有远见卓识的政治家和文化名人，就是他任金国宰相时，策划俘虏了北宋的俩皇帝——宋徽宗和宋钦宗，可谓足智多谋。

完颜希尹是在契丹文的基础上创制了女真文，而契丹文是方块字，像汉字一样，所以，女真文也是一种方块字。

对于大金国来说，完颜希尹和他创制的女真文功德无量，金太祖为表彰他的功绩，特别颁赏他马一匹、衣一袭。而这种女真文从天辅三年，即1119年开始颁行金国经过不断改进，到明万历二十七年（1599年）创制满文止，在女真族中通行了四百多年。

女真文绵延几百年，完颜希尹功在当代，利在千秋。可是，完颜希尹却毁于派系斗争。天眷三年（1140年）9月，完颜希尹被人诬陷，遭到诛杀，还牵连到了他的儿子。

历史出现了惊人的巧合，满文的创制与女真文的创制走过了相似的道路。

导师一样。创制女真文的导师是金太祖，创制满文的导师则是清太祖。努尔哈赤看到女真文明朝人不认识，女真人自己不流行，已经不再适应新形势的要求，必须要改革了。

指导的对象近似。金太祖指导的对象完颜希尹，早年追随太祖兴兵，参与攻辽、建国等重大事件，南征北战，功绩卓著。努尔哈赤作为导师，指导的对象是两个大臣，一个是额尔德尼，一个是噶盖。额尔德尼是一位知识渊博的专家，更是跟随努尔哈赤南征北战的将领。噶盖，努尔哈赤赐号“扎尔固齐”，地位仅次于开国五大臣；“扎尔固齐”源自蒙古语，译为“断事官”的意思。可见这两位在努尔哈赤心目中的重要地位。

可是，接到导师的任务，两位居然产生了畏难情绪，认为以自己的能力，无法完成努尔哈赤的任务。两位说道：“蒙古文我们非常熟悉，流传得也很久了，要我们改变，恐怕很难了。”

努尔哈赤一听，并没有动怒，也没有放弃自己的想法；而是摆出了导师的姿态，循循善诱，道：“你们不要有畏难情绪，你们想想，汉人读汉文的时候，不管有没有文化，都能听懂；蒙古人也是一样；唯独我们女真人，一定要翻译成蒙古语才可以明白；而那些不懂蒙古语的人就不明白了。这是为什么？一定有解决的办法。”

额尔德尼和噶盖道：“在我们看来，用我们女真人自己的语音创制文字最好了，但我们耐心启发没想出好办法来，还请您指点迷津。”

努尔哈赤启发道：“也不难。”便耐心地进行了方法讲解。《清太祖实录》记载：“但以蒙古字，合我国之语音，联缀成句，即可因文见义。”

努尔哈赤一语点破，用蒙古的文字，结合女真的发音，连缀而成满语，实际上，就是用蒙文拼写满语。为了简单明了，努尔哈赤还举了个例子：“阿”字下合“妈”字，就是“阿妈”（父亲）；“额”字下合“谟”字，就是“额谟”（母亲）。

听了导师的悉心指导，两位恍然大悟，倾心研究，终于创制成功。满文创制成功后，努尔哈赤下令颁行。

毫无疑问，努尔哈赤这个大导师，对自己的两个学生额尔德尼和噶盖是满意的，但也只是对他们创制满文这一方面是满意的。多年后，这两位居然被导师杀害。

万历二十七年（1599 年），就在噶盖领命研究创制满文的任务之后，努尔哈赤发兵灭掉哈达，哈达首领孟格布禄投降。孟格布禄密谋暗杀努尔哈赤，噶盖了解这件事，却没有及时上报。努尔哈赤大怒，不顾师生之情，将噶盖与孟格布禄同罪论处，并加以杀害。天命八年（1623 年），额尔德尼及妻子因为囤积居奇并隐藏珍宝，被他的导师努尔哈赤处死。

完颜希尹、额尔德尼和噶盖，三位不同时期的语言大师，居然都死于非命，又是惊人地相似。

硬道理

作为一代导师，努尔哈赤指导的第二个专业是组织人事专业。不过这个组织人事有点儿特殊，是与军事有关的组织人事。成为这个专业的大导师，是有一个过程的。

努尔哈赤在万历十一年（1583 年）产生了一个念头，得到了一个结论，那就是“军事实力”才是硬道理。他怎么会有这个结论呢?

这源于人们对他的态度。

我们都说社会上的人势利眼居多，努尔哈赤认识最深刻了。万历十一年（1583 年）二月，努尔哈赤父祖被乱军杀死，努尔哈赤把仇人锁定为尼堪外兰。按说，明朝廷应该主持正义，协助努尔哈赤，将尼堪外兰缉拿归案。可是，由于尼堪外兰为一城之主，并拥有一定的军事实力，明朝便不顾事实，支持尼堪外兰。所以，尽管努尔哈赤找明朝官员理论，也是无济于事。不仅如此，连努尔哈赤的亲人都不支持他，多次暗杀他。

可是，到万历十四年（1586 年），形势发生了根本性变化。努尔哈赤不再是单打独斗，而是拥有了一支自己的队伍，把尼堪外兰追得到处逃命。在这种情况之下，明朝就不再支持尼堪外兰了，把他交出来，努尔哈赤得以报仇雪耻。

至此，努尔哈赤的结论是，必须建立一支自己的队伍，这才是硬道理。于是，努尔哈赤开启了创立八旗军的艰难之路。到万历四十三年（1615 年）正式确定了规范的八旗制度，努尔哈赤成为创立这个军事制度的大导师。

这个八旗制度的产生有一个过程。万历二十四年（1596 年）的时候，是五色旗，即青色、黄色、赤色、白色、黑色。经过几年的历练，到万历二十九年（1601 年）的时候，就变成了四色旗，即黄色、白色、红色、蓝色，去掉了黑色旗。万历四十三年（1615 年），进一步发展，四旗增加至八旗。《清太祖实录》记载："初设有四旗，旗以纯色为别，曰黄，曰红，曰蓝，曰白。至是添设四旗，参用其色镶之，共为八旗。"

用黄、白、红、蓝四种颜色做旗帜，形成正黄旗、正白旗、正红旗、正蓝旗四旗；增添的四旗，是将原来旗帜周围镶上一条边，黄、白、蓝三色旗帜镶红边，红色旗帜镶白边，成为镶黄旗、镶白旗、镶红旗、镶蓝旗；至此，四个正旗加上四个镶旗，八旗制度形成。

八旗制度具有鲜明的特点。

1. 这是一个军政合一的制度。

这个制度，首先是一个军事组织，被编入旗的人，要知道自己是用来打仗的。跟随你的旗帜，打击对手，捍卫旗帜不倒。

八旗兵的军纪极为严明，例如，战场之上，只许前进，不许后退；只许胜利，不许失败。所以，一旦敌我交锋，八旗兵会拼命冲锋，那些临阵脱逃之人，就会遭到严酷的刑罚，像穿鼻、贯耳、抄家，甚至杀戮。

八旗又是一个行政制度。用一句话概括八旗，叫作"平时为民，战时为兵"。在和平年代，这些编入旗籍的人就是农民或牧民，从事生产和渔猎活动；一旦战争来临，就要迅速进入角色，骑上马就出征。

努尔哈赤和皇太极时代，这两个制度在军事和民事之间，逐步发生了偏移。随着战争的频繁发生，民事中农耕、渔猎的事务越来越淡化，军事职能加强。而到清朝中晚期，随着战事的减少，民事部分加强，军事的职能逐步弱化。

不仅如此，八旗中的行政职能，还包含有经济、婚姻、身份等方方面面，对一个旗人来讲，这个旗籍的标签几乎无处不在，包罗万象，非常重要。

2. 这是一个极具战斗力的组织。

努尔哈赤创立的八旗军无往不胜，是什么原因？

首先是纪律严明，赏罚分明。努尔哈赤规定，八旗兵一旦接到指令，必须服从；服从的人赏给酒喝，否则，就要被杀头。一句话就是赏罚分明，有军功重赏，甚至不惜把自己的女儿赏给有军功之人。

其次是训练有素。努尔哈赤注重训练八旗军，训练什么，最主要的是一种精神，一种勇敢的精神。这非常重要。努尔哈赤自己就很勇敢，两军对垒，勇者胜，努尔哈赤往往是一马当先，率先冲入敌阵。还有就是训练作战技巧，这也很重要。

努尔哈赤创立的这种八旗制度，在皇太极时期又进行了完善，不仅有满八旗、蒙八旗，还增加了汉八旗。八旗制度与清王朝相始终，为清王朝的建立、发展、强盛做出了重大贡献。

努尔哈赤不愧是创立八旗制度的大导师。

区别对待

努尔哈赤要建立帝业，成就一番大事业，这只是他的一厢情愿。实际上，他会遭到来自各方的反对，甚至会遭到周围政权的打击。努尔哈赤审时度势，采取了一系列行之有效的措施。区别对待，便是其中之一。

“假象”

万历二十一年（1593 年），努尔哈赤以少胜多，击败了九部联军。之后，他就立下了一个更大的目标：一定要吞并扈伦四部，要如何实现呢？

扈伦四部，指的是哈达部、辉发部、乌拉部和叶赫部。这四部毗邻建州，曾联合了九部，计三万余人来攻打建州。

努尔哈赤经过思索，决定采用“远交近攻”的策略，拿下扈伦四部。朝鲜《李朝实录》记载：“老酋欲‘远交近攻’之计。”

引文中的“老酋”就是努尔哈赤。他分析了一下，这四部中，哈达和辉发最近，攻打他们，先行拿下；乌拉和叶赫远一些，采取和平交往的策略。之所以如此，就是担心建州出兵哈达和辉发的时候，乌拉与叶赫进行干涉。

看来，进攻是真，而远交实际上就是一种权宜之计，带有一定的欺骗性。实际上，不仅对乌拉和叶赫带有欺骗性，就连即将挨打的哈达也对努尔哈赤抱有幻想。

万历二十七年（1599年），叶赫部进攻哈达的时候，哈达首领孟格布禄就把自己的三个儿子弄到建州做质子，以便向努尔哈赤借兵，讨伐叶赫部。孟格布禄的这种做法，正中了努尔哈赤的计策。结果是，努尔哈赤通过“假象”实现了“近攻”的目标，出兵攻下了哈达城，俘获了孟格布禄，却假惺惺地为孟格布禄松绑，赏赐珍物。其目的就是掩人耳目，麻痹明朝廷；第二年，努尔哈赤就找了个借口杀了孟格布禄。

辉发部的结果几乎和哈达部一样，也有一个质子送到建州，请努尔哈赤出兵抵挡叶赫部的进攻，结果，努尔哈赤满口答应。辉发部和它的首领拜音达里的结局就更加凄惨，万历三十五年（1607年），辉发城被努尔哈赤攻下，拜音达里父子死于战火之中。

努尔哈赤以“假象”实现了“近攻”的目标，两个最近的部落哈达部和辉发部被建州吞并。

接着，对努尔哈赤抱有幻想的乌拉部，还沉醉在过去的印象中。乌拉部的首领布占泰相信，努尔哈赤永远不会进攻乌拉，他们之间不仅有婚姻关系，更重要的是信任关系，布占泰相信努尔哈赤。

可是，随着时间的推移，努尔哈赤不会沉浸在过去对布占泰的“友好”中，那一切都是假象，尤其是万历三十五年（1607年）之前，辉发部还存在着，努尔哈赤需要一个和平的外部环境，而假意与乌拉部友好。今天不同了，哈达和辉发都已经灭亡，努尔哈赤撕下了伪装的面纱，开始找

布占泰碴儿。

所以，不管布占泰做得有多好，不管他有没有理由，只要挡住了努尔哈赤统一大业，就必须拿下他。万历四十一年（1613 年）正月，东北还是漫天飞雪的季节，努尔哈赤已经迫不及待了，他统三万大军，长途跋涉，入侵乌拉。布占泰抵挡不住努尔哈赤的强大进攻，兵败后，狼狈逃往叶赫部。

扈伦四部，最后只剩叶赫部。努尔哈赤全力以赴，在征伐叶赫部的时候，仍然使用了种种“假象”，最终不仅拿下了叶赫部，还采取欺骗的手段诱杀了叶赫部的首领布扬古。这个问题，后面还会详细解说。

在与群雄的较量中，努尔哈赤多次使用营造“假象”的政治手段，击败对方。

对症下药

努尔哈赤要统一女真各部，遇到了来自蒙古的各种阻力，尤其是漠南蒙古同叶赫部关系密切，直接影响了努尔哈赤对扈伦四部的统一大业。漠南蒙古的林丹汗与明朝联合起来，达成抵御努尔哈赤的政治联盟。所有这一切，都让努尔哈赤感到，对蒙古必须采取非常措施，否则会陷入被动。

可是，蒙古地域辽阔，各部之间发展不平衡，军事实力也有很大差异，他们对待建州的态度又各不相同。该如何办呢？努尔哈赤决定具体问题具体分析，对症下药。

对于科尔沁部，要着意示好。

科尔沁部对努尔哈赤曾经做过两次大错事，让努尔哈赤非常恼怒。但他每次都能够瞧准时机，化解矛盾。

第一次是万历二十一年（1593 年），科尔沁部明安贝勒纠结近万名蒙古兵，参与了九部联军，攻打建州。可惜，此次九部兵大败而回。明安贝勒倍感尴尬。

努尔哈赤敏锐地看到，科尔沁蒙古有悔改之心，可以适当争取。于是，下令挑选二十名蒙古兵俘虏，让他们穿上锦衣，骑上骏马，送他们返回科尔沁。

大家不明白，反对努尔哈赤的做法："不行，这不等于放虎归山吗？将来一定威胁到我们。"

努尔哈赤道："从长远看，争取科尔沁非常重要。如果他的骑兵加入我们的队伍，那可就厉害了。"

果然，这二十人回去之后，大加赞赏努尔哈赤和建州，很多科尔沁人向往着有一天也要到建州走走。于是，两部之间交往密切，互通有无。

第二次则是万历三十六年（1608 年）三月，努尔哈赤发兵攻打哈达。《满文老档》记载："科尔沁蒙古翁阿代贝勒与乌拉布占泰合兵。"这是让努尔哈赤意想不到的事情。

努尔哈赤没想到，从万历二十一年到三十六年（1593—1608 年），十五年的友好交往化为乌有，当时就气愤异常。可是，努尔哈赤并没有失去理智，四年后，万历四十年（1612 年），努尔哈赤和科尔沁的明安贝勒结成姻亲关系，越走越近，结成了牢不可破的政治联盟。

对于喀尔喀部，要主动争取。

喀尔喀五部对建州的态度一样，甚至很对立：以恩哥德尔为首的一部，主动投奔建州，要求与建州结盟。努尔哈赤顺水推舟，不仅把公主嫁给了他，还允许他留住在建州，给予优裕的生活。

相反，以介赛为首的一部居然与建州为敌，勾结明朝，打击努尔哈赤。万历四十七年（1619 年），介赛纠集近万名蒙古军，配合明军，打击努尔哈赤。

努尔哈赤决定给介赛点儿颜色看看，于是，派出精兵强将攻击介赛军，蒙古军大败，介赛及其亲信二十余人被俘获。

但是，努尔哈赤高瞻远瞩，没有杀掉介赛，而是释放了他。介赛很感动，便决定不再与建州为敌。不仅如此，他来了个180度大转弯，决定与建州合作，打击明朝。

努尔哈赤的蒙古政策再次取得成功。

对于察哈尔蒙古，努尔哈赤决定重点打击。

有两点主要原因：一是察哈尔部首领林丹汗野心勃勃。他人多势众，自称有“四十万众”，梦想有一天统一蒙古，恢复成吉思汗的大元基业。这就与努尔哈赤的宏大梦想发生了冲突。

二是明朝利用林丹汗的“雄心”，有意扶持林丹汗，提高对其的财力支持，由每年的四千两增加到四万两，目的非常明确，就是要求林丹汗和明朝合作，共同夹击建州。

努尔哈赤做出了对察哈尔林丹汗的决策，坚决、彻底、干净地消灭了这个敌人。

小　心

努尔哈赤对朝鲜的态度，有一个变化的过程。

开始的时候，由于朝鲜距离建州遥远，对这个异国之邦并不了解，甚至会做出错误的判断。比如，努尔哈赤曾经对蒙古兵和朝鲜兵进行过对比。《圣武记》记载：“故得朝鲜人十，不若得蒙古人一。”

《满文老档》中也有类似的记载。努尔哈赤之所以得此结论，是他觉得蒙古人骑马射箭，与传统习俗有关；加之蒙古和女真之间服饰近似，比较了解。但是不管怎么说，十比一的关系，是努尔哈赤对朝鲜知之甚少的结果。

可是，接下来发生了两件事情，使努尔哈赤不得不倍加关注朝鲜了。

第一件事是渭源事件。

万历二十三年（1595 年），有一部分建州人越过渭源到朝鲜境内采参，并进行掠夺，与朝鲜人发生冲突，结果被杀死了四十多人。这件事被报到努尔哈赤那里。

努尔哈赤极为震怒：“岂有此理，我们与朝鲜素无仇怨，为什么如此戕害我国人民？此仇一定要报！”于是，努尔哈赤调兵遣将，准备发兵报复。朝鲜方面闻听消息，感到了事态的严重性，国王也是不知所措。

正当努尔哈赤准备兴兵的时候，没想到明朝廷出面干涉。努尔哈赤起初不以为然，可当他闻听明朝派遣大员余希元前来调解此事的时候，便大惊失色。

关键是，明朝的此次调停，是受到了朝鲜的鼓动。万历二十四年（1596 年），余希元带领大批随行人员，在两位朝鲜官员的陪同下，出使建州。

努尔哈赤思虑再三，有明朝出面，那就一定要小心了。于是，他做出了决定：隆重迎接余希元一行。

首先，倾巢出动，迎接余希元。先派出三百人去中途问安，再派出一万多名骑兵沿途护送，快到费阿拉城的时候，又有一万名步兵列队相迎。其次，高规格接待。努尔哈赤的五虎上将额亦都等前往出迎，努尔哈赤与舒尔哈齐亲自出面，使余希元一行倍儿有面子。努尔哈赤还安排隆重的宴席美酒，款待他们。

看到朝鲜使臣，努尔哈赤气就不打一处来，先行控诉了渭源事件中朝鲜的是非："他们杀死了我们四十多人，还请皇上为我们做主。"说完，向余希元拱手示意。

余希元传达了明朝皇帝的谕旨："建州与朝鲜都是大明的附属，不可乱起衅端。"努尔哈赤一听，知道是朝鲜先入为主了，也知道明朝廷是偏袒朝鲜一方的。

努尔哈赤何等精明，此时如果硬顶，没什么好处。于是，他立即表达了对大明的忠心："我一定照办，我没什么企图，我要为大明保卫边疆的一草一木。"不仅如此，努尔哈赤还赠给了朝鲜使臣一匹高头大马。

努尔哈赤看清楚了，此时此刻，一定要学乖点儿，不然，一旦明朝翻脸，自己就前功尽弃了。余希元并不了解努尔哈赤的心理变化，所以，对努尔哈赤的前倨后恭甚为不解，甚至有些惊讶了。

第二件事是遭到拒绝事件。

万历三十五年（1607年），努尔哈赤得到一个消息：乌拉部首领布占泰得到了朝鲜的支持，朝鲜国王给了布占泰一个职务封赠。

努尔哈赤感到了不安，他认为，一旦朝鲜支持乌拉，乌拉将如虎添翼，对建州来讲是一个巨大的威胁。为此，努尔哈赤决定，派人前往朝鲜，向朝鲜国王讨取职务封赠，借以试探朝鲜对建州的态度。结果，让努尔哈赤大惊失色，朝鲜方面居然拒绝了建州的请求。态度很明显，朝鲜支持乌拉部的布占泰。

努尔哈赤感到非常不爽，不仅失去了颜面，而且带来了威胁。如何是好呢？

恰在此时，上天给努尔哈赤带来了一个转圜的契机。临近朝鲜的斐优城居民向努尔哈赤求援，乞求摆脱乌拉部的控制，来建州居住。

机会来了。努尔哈赤决定马上出兵斐优城，可以收到一石二鸟的效果。这震惊了乌拉，朝鲜也得到警告："进入朝鲜的建州人，必须要回到建州。”

结果，朝鲜表示了认同。

努尔哈赤舒了一口气，对于朝鲜这个陌生的王国，他的印象越来越清晰，必须小心行事。否则，来自朝鲜的牵制力量会影响他的统一大业的。

两　手

努尔哈赤自己感到很奇怪，明朝对他的态度几乎是首尾一致的，凡是反对努尔哈赤的人，明朝都会支持。

尼堪外兰是努尔哈赤起兵时的头号敌人，努尔哈赤就认定是他害死了自己的父祖。明朝没有帮助努尔哈赤擒拿尼堪外兰，相反，却支持尼堪外兰，一再充当他的保护伞，以至努尔哈赤费了九牛二虎之力，才除掉这个仇敌。

努尔哈赤灭掉哈达部的时候，明朝极为不满，便进行干涉。努尔哈赤一面敷衍明朝的质问，不敢杀害哈达部首领孟格布禄；一面又借口孟格布禄图谋不轨，出尔反尔，很快处死了他。这让明朝廷极为恼怒，又给他记了一笔。

在建州与叶赫的较量中，明朝同样支持叶赫部，以牵制建州的崛起。《明神宗实录》记载：“有北关在，可牵制奴酋，之后辽沈或可恃以无恙。”

“北关”就是叶赫部。从《明神宗实录》中可以看出明朝的目的，确实为了牵制努尔哈赤，以确保辽沈一带安然无恙。所以，即使努尔哈赤欲把亲子阿巴泰作为质子交给明朝，明朝还是派出一千余名官兵，携带火器，炮轰努尔哈赤的军队。

明朝对于朝鲜的支持，同样出于牵制努尔哈赤崛起的考量。当然，努尔哈赤与朝鲜关系时好时坏，并不完全取决于明朝的关系，也有朝鲜朝野对建州政权的认知程度。朝鲜一直以来尊明朝廷为正统，向其称臣纳贡；对于刚刚崛起的建州则不太认可。这样，一旦朝鲜与建州之间发生冲突，明朝就会毫不犹豫地站在朝鲜一边，压制建州。比如“渭源事件”，明朝就主动出面调停，使努尔哈赤不得不对朝鲜让步妥协。

面对明朝的态度，努尔哈赤会采取怎样的策略呢？

他采取了两面的策略，一面应付明朝，麻痹明朝，不使明朝怀疑努尔哈赤的忠心；一面发展壮大自己，缺一不可。

单讲努尔哈赤应付和麻痹明朝，看看他都采取了哪些措施。

一是表忠心。对于明朝，努尔哈赤坚定了一个信念，绝对不能得罪，否则，会招来灭顶之灾。所以，清史大家孟森先生这样写道：“忠于大明，心若金石。”明朝让他干什么，他必须干什么。明朝说，有个叫克五十的人，杀了大明的官员，隐藏在建州。努尔哈赤赶紧将克五十缉拿归案，并且斩杀了克五十，把他的脑袋砍下来，献给明朝廷。努尔哈赤曾经多次表示，他没有任何野心，一定为大明守住九百五十里边防江山。

而明朝廷，也感念努尔哈赤的忠心，不断给他升官。《明神宗实录》记载：“奏入，上从其请，准与都督佥事，此奴贼受我殊恩之始也。”到万历二十年（1600 年），努尔哈赤已经被明朝封赠为龙虎将军，官至正二品了。

二是不断向明朝朝贡。对于明朝的封赠，努尔哈赤心领神会，一定要做出姿态，使明朝充分信任他，给他更多的机会和发展的空间。于是，他不断向朝廷进贡。

据统计，努尔哈赤每隔三年就要进京朝贡明朝皇帝一次，倍显虔诚。

明朝皇帝会在北京布置盛大宴会，感谢努尔哈赤的“忠心”。

三是使用两面派的手法。毫无疑问，明朝给予努尔哈赤封赏，是为了笼络他。可是，努尔哈赤不会一味恭顺，他积极发展壮大自己，一旦时机成熟，就会称王称霸。他一生的发展证明了这一点，费阿拉城建都，自立称王；又迁都赫图阿拉，再迁都新京，最后定都沈阳，攻击明朝，都说明努尔哈赤野心勃勃，绝非只有恭顺那么简单。

可惜，明朝的皇帝和臣子没能及时看出来，几十年都没有出兵遏制努尔哈赤的发展，直到他公然誓师伐明，才如梦方醒，不过已经晚了。

可惜，明朝的皇帝和臣子没能及时看出来，几十年都没有出兵遏制努尔哈赤的发展，直到他公然誓师代明，才如梦方醒，不过已经晚了。

李寅语录

努尔哈赤看清楚了，此时此刻，一定要学乖点儿，不然，一旦明朝翻脸，自己就前功尽弃了。

第四章 非常之举

不要说努尔哈赤的成功靠的是运气，其中也许有一定的机遇；但更重要的是他能够抓住有利时机，在关键时刻做出非同寻常的果敢之举。

僭号的胆量

努尔哈赤心里明白，统一建州也好，统一扈伦也罢，甚至把整个东北地区都统一到自己的名下，无论控制多大面积，都不如明朝厉害，在历史上都不会留下浓墨重彩的一笔。这里有一个过不去的坎儿，他心里明白得很。

僭　号

努尔哈赤尝到过僭越的甜头。

早在万历十五年（1587 年），他 29 岁的时候，便在费阿拉城建立了政权。虽然比较原始，但是有两点他是利在其中的。

一是可以发号施令。努尔哈赤向他的臣民发号施令，凡是违背他的法令的人，就要受到惩罚，在这里有了生活的秩序。这样，努尔哈赤身边就有了追随的人群，包括额亦都这样的人，都聚集在了他的身边。

二是他已经“自中称王”。称王称霸，这是任何人都想干的事。可是，一般人是无法实现的。像那些没有纲领、没有韬略的人，也只能是占山为王，落草为寇。努尔哈赤不是，他制定了自己的目标，小心翼翼地跋涉前进。

就是这个小小的费阿拉城，为努尔哈赤聚拢了巨大的人气儿，使他前进的方向越来越明确，目标越来越清晰。努尔哈赤也因此尝到了甜头。

不过，这是一种僭越。要知道，那个时候的建州和女真是大明朝的附属，或领土的一部分。这是一个领土的问题，是绝对不允许任何人染指的大是大非问题。

努尔哈赤再明白不过了，他其实处在冒险之中。一旦“自中称王”，尤其是自己还制定了法律的事儿暴露出来，那是非同小可的事情。

怎么办呢？努尔哈赤是一不做二不休，他决定进一步冒险，豁出去了。这就是政治家的气魄。他想建国号，做一个真正的大汗。不过，这已经是万历四十四年（1616年）的事了，这时的努尔哈赤已经58岁，离他费阿拉“自中称王”过去了整整20个春秋。

等得太久了，努尔哈赤知道，不能再等了，他认为时机已经成熟。

首先，周围的女真人已经在臣服。哈达、辉发、乌拉各部，那是经过武力征服的，必须臣服；周围的蒙古，科尔沁蒙古已经融为一体，察哈尔蒙古虽然桀骜不驯，但是经过较量，绝对不敢轻举妄动；朝鲜国窥视动静，处在首施两端的状态；明朝处在君昏臣庸的状态……所有这一切，都为努尔哈赤提供了契机。

其次，就是他的年龄。他已经58岁了，在那个时代，这个年龄的人，是知天命的年龄，再过两年，就是花甲之年了。不赶紧做这件事，恐怕就来不及了。

最后，就是经验。努尔哈赤经过20年的战场拼杀，领地治理，不仅军事经验丰富，而且治理国家的经验也与日俱增。20 年的积累，使他成为一个成熟的政治家。

所以，这个时候，建国僭号的事就已经“呼之欲出”了。

万历四十四年（1616 年）正月初一，这个传统的“元旦”之日，努尔哈赤在众人的簇拥下，实现了自己的梦想。《清太祖实录》记载：“建元‘天命’，以是年为天命元年。”

为此，努尔哈赤实现了人生的重大突破。

一是突破了“自中称王”的桎梏。费阿拉时代，等于关起门来做皇帝，别人无从知晓。这次不同了，有了年号，就是真正的国家了，努尔哈赤就可以“黄衣称朕”，那是真正的帝王了。

二是突破了以往的人际关系。之前，努尔哈赤与他的将领们虽然有等级，但那顶多是主奴关系。现在已经升格为君臣关系，所行礼节也是等级森严的大礼。

《清太祖实录》就明确记录了这一天，群臣觐见努尔哈赤的庄严礼仪：

四大贝勒代善、阿敏、莽古尔泰、皇太极及八旗贝勒大臣，率群臣集殿前，分八旗序立。上升殿登御座。众贝勒大臣率群臣跪，八大臣出班，跪进表章，近侍侍卫阿敦、巴克什额尔德尼接表，额尔德尼跪上前，宣读表文，尊上为“覆育列国英明皇帝”。

这段记录中，有几个关键词：“跪”“升”“进”，这些词是封建时代皇帝的专用词，任何人不得乱用。努尔哈赤用了，这就从根本上改变了他和将领们之间的关系，转变成不可逆转的君臣关系了。

努尔哈赤僭号称汗，跨过了这道关键的坎儿。

规避的艺术

努尔哈赤僭号天命，可谓名声大振，一时之间即可势如破竹，大刀阔斧地四处进军，推翻明朝，建立大一统的国家。

但是，时机仍不成熟。努尔哈赤信奉天命，他认为自己一统天下的时机还未成熟。所以，他的国运寄望于天命，因而也把年号定为“天命”。且看何为天命:《书·盘庚上》中说:“先王有服，恪谨天命。”

天命既未到，努尔哈赤就明白需要规避了。规避谁呢？明朝廷，那是他一定要规避的。可是，天命年号已定，大礼已行，要如何规避呢？难道要收回去吗？

不，这不是努尔哈赤的风格。作为一代枭雄，不可能做缩头乌龟。但是，他也不会因为冒险而前功尽弃。于是，努尔哈赤采取了一个策略，那就是韬光养晦，只字不提自己僭号天下的事情。

关键是对待大明朝的态度。努尔哈赤对待大明照旧称臣，专家考证了这个过程，得出了这个结论。

史学家考证了努尔哈赤在僭号“天命”前后，谨慎而又张扬的经历。他一方面适时称号天下，让人知晓他的事业和成功；一方面又适时收住锋芒，不让明朝过度敏感，而导致战争发生，影响到他的国家和事业。

僭号天下的表现，至少有两点：

其一，以国家自称。努尔哈赤自称“女直国”或“建州国”，在他与朝鲜的行书中，类似的称谓很多。表面上，这就暴露了他已经建国的不臣之心。

其二，以汗主自谓。在费阿拉城的时候，他称为“女直国建州卫管束夷人之主”；在赫图阿拉城的时候，他称为“建州国王”或“昆都仑汗”；万历四十四年（1616 年），他干脆僭号称汗。

这种逐渐递进的做法，是努尔哈赤采取的一个规避而又进取的措施。尤其是他下面的一席话，更使人看透了努尔哈赤的心理：

> 我努尔哈赤收管我建州国之人，看守朝廷九百五十余里边疆。
>
> ——《东国史略事大文轨》

上文中，我们看到努尔哈赤霸道地称“建州国”，又不得不说为明朝守边御敌。这就是努尔哈赤的精明和艺术。这种办法的确使努尔哈赤大为受益，发展壮大了自己，而没有受到明朝的任何阻力。

他确实麻痹了明朝的皇帝。不管是努尔哈赤在费阿拉城或赫图阿拉城称王称霸，还是对外自号称王，明朝的皇帝都应该十分警惕，或者早就应该发兵讨伐，以防其势力扩大，构成威胁。

虽然明朝支持过建州的对立面，如哈达、乌拉、叶赫，但都没有明确的目标，至少没有从根本上确立剿灭建州的决心。

可是，纸是包不住火的，努尔哈赤的僭越行为终于石破天惊。

《光海君日记》记载：“胡书中印迹……俱是‘后金天命皇帝’七个字。”

光海君是朝鲜的国君，他所记应该很准确。朝鲜国王都已经知晓了努尔哈赤的雄心壮志，明朝皇帝却被蒙在鼓里，连明朝的辽东经略王在晋也是从朝鲜的咨报中得到了这个消息。

《三朝辽事实录》记载：“朝鲜咨报，奴酋僭号‘后金国汗’，黄衣称朕。”

至此，努尔哈赤的秘密藏不住了，已经大白于天下。可是，明朝知晓得太晚了，这已经是万历四十七年（1619年）之后的事了，而这时，努尔哈赤早就于前一年发布了“七大恨”，昭告天下，要誓师伐明了。

可怜无知的明王朝，被努尔哈赤蒙蔽得晕头转向，一直在给人家封官晋爵，并给予银两，终于养痈成患。

最终，努尔哈赤和他的臣子们暗自窃喜，嘲笑明朝的愚蠢，也庆幸自己规避艺术的高超。

努尔哈赤不敢停歇，马不停蹄地朝着自己的既定目标努力奋斗。他痛下决心，这件事必须要做了，时不我待。一个机会摆在了他的面前。

转 嫁

正当努尔哈赤僭号称汗的时候，突遭一大难题。万历四十五年（1617年），建州遭遇前所未有的自然灾害，大水冲毁了农田，农作物大部分毁于水灾。颗粒无收，建州人民流离失所，饿死的人塞满了道路。

《光海君日记》记载："今年民间饥困之患，近古所无，流离道路，饿殍相望。"

努尔哈赤没办法了，百姓流离失所，很快就会演化成动乱。到时候，不仅自己的远大目标难以实现，就是刚刚建立的大金国也可能会分崩离析。如何摆脱这个灾患，转危为安呢？努尔哈赤陷入深思。

努尔哈赤想到了一个办法，那就是掠夺。发动战争，对周边国家进行掠夺，或许会缓解这种压力。可是，周围的女真各部，基本上都被努尔哈赤统一了，只有一个部还游离于建州之外，那就是叶赫部，这个部落还在“逍遥法外”。

一想到叶赫部，努尔哈赤心里就不舒服。在那里不仅战事屡屡失利，而且丢了很多利益，那些与建州为敌的女真人，往往以叶赫为基地。叶赫成了策反建州的基地。

最关键的是明朝支持叶赫。明朝的有识之士看到建州的强大，感受到了建州的威胁，便纷纷建议朝廷采取有力的措施，遏制建州的崛起。于是，他们锁定了叶赫部，在政治上、经济上、军事上予以支持，争取对建州形成包围圈。

努尔哈赤厘清了思路，目前建州的敌人有两个：一个是明朝，一个是叶赫。何不借这个机会，向全国发布战争令。最主要的是，通过这种办法，可收到一石二鸟的效果。

就这样，努尔哈赤发布了“七大恨”宣言，《清太祖实录》这样记录：

我之祖、父，未尝损明边一草寸土也，明无端起衅边陲，害我祖、父，恨一也。

明虽起衅，我尚修好，设碑立誓：“凡满汉人等，无越疆土，敢有越者，见即诛之，见而顾纵，殃及纵者。”讵明复渝誓言，逞兵越界，卫助叶赫，恨二也。

明人于清河以南，江岸以北，每岁窃逾疆场，肆其攘夺，我遵誓行诛，明负前盟，责我擅杀，拘我广宁使臣纲古里、方吉纳，挟取十人，杀之边境，恨三也。

明越境以兵助叶赫，俾我已聘之女，改适蒙古，恨四也。

柴河、三岔、抚安三路，我累世分守疆土之众，耕田艺谷，明不容刈获，遣兵驱逐，恨五也。

边外叶赫，获罪于天，明乃偏信其言，特遣使臣，遗书诟詈，肆行凌辱，恨六也。

昔哈达助叶赫，二次来侵，我自报之，天既授我哈达之人矣，明又党之，挟我还其国。已而哈达之人，数被叶赫侵掠。夫列国之相征伐也，顺天心者胜而存，逆天意者败而亡。何能使死于兵者更生，得其人者更还乎？天建大国之君，即为天下共主，何独构怨于我国也。初扈伦诸国，合兵侵我，故天厌扈伦启衅，惟我是眷。今明助天谴之叶赫，抗天意，倒置是非，妄为剖断，恨七也。

欺凌实甚，情所难堪。因此七恨之故，是以征之。

转 换

努尔哈赤发布的“七大恨”，是对明朝的宣战。看上去理由非常充分，七个仇恨，足以让国人义愤填膺了。可是，今天分析起来，却感到努尔哈赤的“七大恨”非常牵强。

一是旧事重提。

七大恨中父祖被杀之仇，是几十年前的事情了。万历十一年（1583年），努尔哈赤 25 岁那年，他的祖父觉昌安、父亲塔克世被明军误杀。这件事人所共知，可是，当时努尔哈赤以十三副铠甲起兵，锁定的目标不是明朝，而是尼堪外兰。为此，明朝还对他进行了封赏，也算是对其有一个交代。

几十年来，努尔哈赤对明朝俯首称臣，并多次进京朝贡。他唯恐自己做事不周，朝廷不满意，所以尽量表现。如今，他却对朝廷反目，出尔反尔，让人大感意外。

第一恨陈词滥调，没有新意。作为“七大恨”的头条，非常重要，应该是用一个无可争议的，人所共知的新鲜头条来说服人们，激发进军敌人的斗志。

二是缺乏正能量。

“七大恨”中的“恨四”中提到了“叶赫老女”改嫁事宜。这件事儿，努尔哈赤明知不可为，而欲为之。

他不会不明白，“叶赫老女”永远都不会嫁给他。万历二十一年（1593年），努尔哈赤与九部联军发生战争，九部联军大败，叶赫部首领布寨被杀。关键的是，叶赫部向努尔哈赤讨要布寨尸体的时候，努尔哈赤错误地做出了决策，居然将布寨尸体一劈两半，一半送还叶赫，一半留在了建州。从此建州与叶赫之间结下了深仇大恨，在这种情况下，努尔哈赤还会渴望“叶赫老女”嫁给自己吗？

第四恨缺乏正能量，不具备说服人的条件。

三是家仇的味道太浓，缺乏政治家的胸怀和气魄。

综观“七大恨”所列举的事项，家仇的味道太浓了。不管是他的父祖被杀，还是“叶赫老女”改嫁，那都是他的家事，并不是整个建州的民族利益。努尔哈赤的这个站位明显低了一些。

尽管如此，这个七大恨却产生了一个效果，那就是“一石激起千层浪”。

首先，它激起了“民族之恨”。通篇中，努尔哈赤把建州女真和叶赫女真割裂开来，划分为两个敌对的阵营，势不两立。这里埋下了仇恨的种子。直到晚清的时候，谈到清亡之因，人们还引用这句话：“叶赫部就是剩下一个女子，也要报爱新觉罗杀身大仇。”为此，清朝灭亡于叶赫那拉氏的手中，似乎一语成谶。

其次，它激起了“国家之恨”。对于大明朝，建州的国人都知道，那是他们的衣食父母，不管建州人还是努尔哈赤本人，都赖以生存。可是，努尔哈赤突然宣布了“七大恨”，就反转了人们的认识，明朝的角色发生了根本性的变化。

还有，努尔哈赤在“七大恨”中，不仅罗列了“家恨”，还连篇累牍地提出了“国恨”。他将其臣民和将领被杀、利益被剥夺等，尽行罗列，这就把努尔哈赤的家恨一下子转化成了国恨。这个转换非常重要，是努尔哈赤精心策划的结果。

努尔哈赤既然实现了家仇与国恨的转换目的，那么，他前进的步伐就加快了。

骤然出击

“七大恨”宣告了目标敌人，努尔哈赤果断决策，迅速调兵遣将，打响了朝向明朝的“第一枪”。这是一个军事冒险行动，结果会怎么样呢？

第一枪

努尔哈赤发布“七大恨”，就是为了向明朝宣战。宣战书下了，目标在哪里呢？努尔哈赤经过思考，锁定在抚顺这个重镇上。

对于抚顺，努尔哈赤是非常熟悉的。年轻的时候，他就经常光顾这里，在这里交易，赚了一些钱，更重要的是开阔了视野，增长了见识。

这次，努尔哈赤要调集雄兵，在这里打响第一枪。可如何拿下抚顺，努尔哈赤并没有把握，他预先做了五件事情。

一是攻城的技巧。

努尔哈赤深知明朝的厉害，大军驻守，武器先进，要想拿下抚顺，必须依靠智谋，要动脑筋。否则，单凭实力，就等于以卵击石，很难取胜。为此，努尔哈赤提出了智取抚顺的办法，讲得很具体。

《清太祖实录》记载：

若我众敌寡，我兵潜伏幽邃之地，毋令敌见，少遣兵诱之，诱之而来，是中吾计也；诱而不来，即详察其城堡远近，远则尽力追击，近则直薄其城，使壅集于门而掩击之。倘敌众我寡，勿遽近前，宜预退以待大军。俟大军既集，然后求敌所在，审机宜，决进退。

努尔哈赤讲到了两种情况，如果我众敌寡，也不要贸然前进，耗费兵力，做无谓的牺牲，而要诱敌深入，伏击敌人，以减少损失；如果敌众我寡，那就要等待援军，相机行事。

二是强调军纪。

八旗军有个特点，战则为兵，居则为民，实际上就是老百姓。所以，军中纪律一定要强调。努尔哈赤指出，对待那些俘虏，一定不要烧杀掠抢，不要奸淫妇女；否则，就要军法处置。

三是召开御前会议。

会上讨论作战方案。皇太极率先发言，提出了智取抚顺的作战办法。皇太极指出，攻取抚顺不可强攻，要选派一批精兵，打扮成商人模样，混入城中。这些人肩负的使命是刺探城内情况，做好内外夹击的准备。

努尔哈赤要大家讨论这个方案，一致通过。

四是派员侦察。

战事在即，努尔哈赤考虑到，一旦抚顺告急，明朝会指定广宁守军前来增援，必须派员前往侦察，刺探虚实。于是，他选中了自己的两个儿子，前往广宁府。总兵官张承荫接待来客，双方饮酒助兴，不谈正事。两位使者弄清了张承荫的兵力情况，也了解到了张总兵的真实想法。

五是战前动员。

努尔哈赤在动员会上讲述了自己起兵的原因，也回顾了历史上那些贪图享乐的帝王将相，说明出兵并非为了自己享受什么帝位，一切都是因为明朝的不仁不义。大家听了，深受感染。

一切准备就绪，只等努尔哈赤一声令下了。

万历四十七年（1619年）四月十四日深夜，天降大雨，努尔哈赤下令冒雨出师，兵分两路：一路四旗向东州、马根丹出发；一路四旗由努尔哈赤亲领大军，杀向抚顺城。

按照计划，八旗兵装扮成商人入城，以数十辆貂参大车吸引城内官兵出城交易。同时，皇太极立即率领5000名八旗兵拥至抚顺城下，努尔哈赤也带领大军赶到。一时之间，战事突起，抚顺守军在毫不知情的状态中，仓促应战。

结果很明显，抚顺很快被八旗军拿下，守将李永芳向八旗军投降。看着李永芳，努尔哈赤百感交集。当年，二人曾经在抚顺教场并马而行，切磋功夫技术，也算是有过交情。所以，努尔哈赤还是比较礼貌地待他，在马上向他致礼。从此，李永芳成了努尔哈赤的营中战将，效力后金国。

可笑的是，抚顺城破后的第五天，广宁援兵张承荫才赶到抚顺。这些明朝的援军一万多人分五路并进，追击后金部队。领兵的代善和皇太极向努尔哈赤请示，准备迎战来敌。开始，努尔哈赤反对，经过两大贝勒的说服，同意反击援军。经过激战，后金兵全歼了这些援军，总兵张承荫阵亡。

努尔哈赤在抚顺打响了针对明朝的第一枪，取得了全胜。这一役意义非凡：后金收获最大，掳获人畜30余万，抢掠了数以万计的财物、粮食等，一定程度上缓解了危机。同时，努尔哈赤首次对明朝作战，触碰到了明朝的正规军，对其有了一定的了解，为他以后进一步攻伐明朝打下了坚实的基础。

第二枪

努尔哈赤攻陷了抚顺城，不仅震惊了自己，更加震动了明朝。不说努尔哈赤，单讲明朝，他们会对此做出怎样的反应呢？

一是调兵遣将。这是明朝最本能的反应了，他们不知道努尔哈赤接下来会干什么，赶紧调集重兵，以防万一。于是，做了一系列人事安排：李如柏镇守辽东，杨镐任辽东经略，杜松驻扎山海关，贺世贤任辽阳副总兵，杨于谓任沈阳游击，郑国良镇守铁岭，王国栋镇守居庸关，总督汪可受统镇全局。

二是晓谕辽东居民，暂停科举考试，国家进入非常时期，全民皆兵，并告诫绅民人等，可以带领家丁，自行组织，训练民兵，抵抗后金兵，建功立业。朝廷制定出一定的标准。

三是重金悬赏，捉拿努尔哈赤。朝廷绘图张贴努尔哈赤的画像，凡捉住努尔哈赤，并砍头来献的，重重有赏。《明神宗实录》记载："能擒斩努尔哈赤，赏银一万两，升都指挥，世袭。"

四是晓谕叶赫部，让他们出兵助明。

尽管明朝大造声势，可是，雷声大雨点小，效果非常不好。万历皇帝口是心非，一面大声叫嚷要讨伐努尔哈赤，一面又不肯出钱，筹集了半天，才有十万两白银，杯水车薪。而且连官员调动都无法实现，很多军事部署议而不决。这样，整个明朝的军队军心涣散，毫无斗志，甚至发生了广宁巡抚前往后金，向努尔哈赤求和的现象。

后金情况又会是怎样的呢?

刚刚凯旋的时候，努尔哈赤有些害怕，甚至于胆怯，尤其是当他听说明朝准备大规模集结兵力、讨伐后金的时候，努尔哈赤非常紧张，主要是，他并不了解明朝会有多大的举动来讨伐后金。明朝皇帝甚至接到边报，说努尔哈赤后退三十里，颇有悔罪之意。

可是，当努尔哈赤看清明朝的无能之后，便重整旗鼓，开始有计划、有步骤地征伐明朝。

1. 积极备战。努尔哈赤绝对不打无准备之仗，他进行了积极的部署。整理缴获的战利品，尤其是武器，坏的修，没有的打造。练兵，对俘虏必须训练；对八旗兵也要做好动员和培训。

2. 稳定军心。明朝的讨伐信息，对后金产生了一定的影响，人们担心会在战争中遭遇不幸。一时之间，人心惶惶。努尔哈赤决定稳定军心，民心。尤其是那些降民，是重点抚慰对象。

他释放了 16 名商人，并发给路费。对那些投降汉民中有战斗力的，可以为后金效力的，给予优厚的待遇：配给妻室，并给一只狗、两只鸡、两只鹅、一头牛、四匹布、月米一斗等。

3. 瓦解明朝军心。为了做好充分的准备，必须瓦解明朝的军心。努尔哈赤采用了攻心之术。他释放了明朝的重要俘虏，如东厂的差官张儒绅、张栋等四个人，故意让他们看到后金士气高涨，军心稳定，实力强大，不可侵犯，然后广而告之。效果很好，张儒绅等人果然大肆渲染，瓦解了明朝军队的斗志，讨伐后金之事被逐渐淡化了。

做了这一切，努尔哈赤成竹在胸，决定再向明朝打响第二枪，他把目标锁定在了清河城上。对后金和明朝来说，清河城与抚顺城一样，都非常重要，是兵家必争之地。努尔哈赤锁定清河城，其来有自。

万历四十七年（1619 年）七月二十一日，努尔哈赤亲统大军，兵临城下。

可是，清河城早有准备，守城将领邹储贤精心备战，6000名精兵严阵以待；城上布置火炮、滚木礌石、弓箭手，只要努尔哈赤胆敢进犯，炮箭齐发。

八旗兵很快包围了清河城，一时之间，水泄不通。攻城开始了，战争非常惨烈。《光海君日记》记载："虏兵八进八退，死伤极多，朝而战见星。"

"日记"中说努尔哈赤八进八退，从早上打到深夜繁星满天的时候。

经查阅史料我们发现，努尔哈赤此次进攻清河城，确实遭遇了很大的反击。不过，努尔哈赤久经沙场，阅历极深，他采取了有力的措施，拿下了清河城。

一是随机应变的战术。

面对清河守军，努尔哈赤最初只有强攻，结果失利，改为招降，他让抚顺降将李永芳出面说服，也没有成功。又改变战术，挖城墙，叠尸上城，效果很好。努尔哈赤非常聪明，一种办法不行，就随时改变策略。

二是八旗军骁勇善战。

由于邹储贤坚决不降，守军顽强抵抗，战争异常惨烈。城破之前，八旗兵冒着生命危险，叠尸上城。踩着战友的尸体登城，需要勇气，他们毫不畏惧，城破之后，入城与守军巷战，八旗兵像战狼一样，所向披靡。

清河城被攻下了，邹储贤及其守军全军覆没。后金兵打扫战场，掳掠财物和武器。之后，下令拆毁清河城。

羊吃虎

努尔哈赤属羊。

如今这个羔羊桀骜不驯，在与明朝廷的交锋中，一举拿下了抚顺、清河城等，震惊了朝野上下。于是，万历皇帝朱翊钧在千呼万唤中，集结了大批军马，声势浩大地准备出关猎取这只羔羊。于是，在萨尔浒这个地方展开了一场羊虎大战，历史上称之为“萨尔浒大战”。

四虎出关

尽管努尔哈赤在辽东已经名声大噪，可是，那些传统的明朝臣子并不买账，甚至有些官僚根本瞧不起努尔哈赤。比如山海关主事邹之易，认为努尔哈赤就是一个小小的女真部落首领，不可怕，完全不用大惊小怪。

本来明朝的万历皇帝非常昏庸，常年不理朝政。可是，当得知努尔哈赤攻破抚顺、清河城之后，受到极大震动，多次召开御前会议，对绞杀后金兵做了安排。

先是向全国下达征调军力的谕旨。按照朝臣的讨论，征伐后金，需要大约十万军力，必须从各地征调。这样，从形势上分析，福建、浙江、四川、山东、山西、陕西和甘肃的部队在征调之列。

接着，安排人事任命。万历帝任命兵部侍郎杨镐为辽东经略，都统一切征伐的军力，赐给尚方宝剑，可以代天子军法从事。除此之外，又选拔了一些将领，准备君前效力，有杜松、李如柏、马林、刘綎等。

对于万历帝的人事选择和安排，可谓良莠不齐。

杨镐，河南商丘人，万历八年（1580 年）进士，万历三十八年（1610 年）为辽东巡抚。对于杨镐，朝野评价不高，有人说他“威令不行，赏罚不信”，也有人说他“贪功自用”，这些都是致命的弱点。但他任职兵部，早年又任职辽东，对此地也算比较熟知。万历帝选中他为经略，也算考虑周详。

杜松，陕西榆林人，官至总兵，历镇延绥、蓟州、辽东、山海关，威名远扬，有“杜太师”之美称。杜松久经沙场，交锋时撸起两臂，乌黑如漆，持着金刀乱砍，号称“杜黑子”。万历三十六年（1608 年）夏，杜松被授为总兵，接替李成梁镇守辽东；万历四十五年（1617 年），因蓟、辽多事，特命杜松镇守山海关，担任总兵。杜松秉性清高，廉洁奉公，不巴结上司，不笼络权贵。但是，他有勇无谋，刚愎自用。

马林，河北蔚州人，名将马芳次子。马林以父亲的功绩得到官饷，算是沾了祖上的光。可是，作为明将之后，他最感兴趣的不是战术的研究，而是喜好文学，善于作诗，书法也不错；同时，他还善于结交名士名流，可谓爱好广泛，外场上人。

刘綎（1558 — 1619 年），南昌人，明朝杰出的抗倭将领、军事家。万历年间武状元。明朝诸将中，刘綎最骁勇，而且有一定的谋略，有“晚明第一猛将”之称，其所用镔铁刀重一百二十多斤，马上抡转如飞，号称“刘大刀”。刘綎一生平缅寇，平罗雄，平朝鲜倭，平播酋，平倮，大小数百战，威名震海内。

李如柏（1553 — 1620 年），字子贞，号肖城，辽东铁岭卫人，父亲是大名鼎鼎的辽东总兵、宁远伯李成梁。由父荫为锦衣千户。因饮酒误事，被免职。再以父荫授铁岭卫都指挥佥事，历任密云游击、黄花岭参将、蓟镇副总兵等职。从其经历和出身看，李如柏对辽东算是有所了解。

这就是万历帝选择征讨后金的班子，气势汹汹，大有必胜的势头。《光海君日记》记载：“皇上赫然，计必剿除。”

于是，万历四十七年（1619 年）二月十一日，在辽阳演武场，辽东经略杨镐主持誓师大会，各路军马齐集，阵容空前。杨镐挥舞尚方宝剑，做了两件事：一是宣布十四条军令；二是将抚顺临阵脱逃的指挥白云龙枭首示众。一时之间，血溅演武场，全场一片肃然，鸦雀无声。

接下来，开始祭天地和演武的时候，接连出事了。

一位将军奉命杀牛祭地。当他挥舞着刀，宰杀黑牛的时候，非常奇怪，怎么也割不断牛的脖子，黑牛嚎叫着，直到第三次刺杀才杀死黑牛，场面非常尴尬。而当将军刘招孙翻身上马，准备舞动长矛的时候，又出事了，他手中的长矛一折两节，令所有在场的人唏嘘不已。太奇怪了，太不吉祥了！人们心中顿时涌起不祥的预感：这么不吉利，凶多吉少啊。

杨镐宣布：各将听令，兵分四路，迅速出关，大军直捣后金都城赫图阿拉。这四路兵马分别是西路抚顺路，由杜松率军出征；南路清河路，由李如柏率军出征；北路开原路，由马林率军出征；东路宽甸路，由刘綎率军出征，四路大军合计八万余人，加上朝鲜兵和叶赫兵，总计十万兵马，号称四十七万大军，就像四只大老虎一样，气势汹汹出关，扑向赫图阿拉。

蠢虎与灵羊

羊与虎展开了殊死较量。这是异常力量与智慧的较量，双方都铆足了劲儿，看看他们都有哪些表现。

明朝这个大老虎，号称庞然大物，沾沾自喜，势在必得，甚至没把努尔哈赤放在眼里，明显轻敌。杨镐这个统帅非常昏庸，又刚愎自用，鲜少与人商议，唯一可与之商量的人是李如柏。可是，李如柏是一个心胸狭隘、没有大局观念的人，他能给杨镐出什么主意呢？

有一件事听起来特别好笑。本来出兵打仗，大军启程攻伐对方，这是天大的秘密，必须严密保守，不可泄露。可是，杨镐在万历四十七年（1619年）二月十一日誓师之后，居然将出兵关外的消息大张旗鼓地宣扬出去。

二月二十四日，杨镐在大军出发前夕，派一名使者前往后金，向努尔哈赤宣战道：“大明四十七万大军将不日出关，讨伐叛逆，识相的话，赶紧入关受降！”

杨镐真是一只蠢虎，战事未起，却犯下大忌：泄露了军事机密，并且说大话，明明只有十万大军，却说是四十七万，企图以此恫吓对方。

作战历来讲究天时、地利、人和。杨镐的大军一个都不具备。地利不具备，他的部队，对辽东地势基本陌生，一旦深入，非常不利。人和不具备，他与四虎之间矛盾重重，四虎之间也是彼此心存芥蒂，并不默契，比如杜松与李如柏之间，就互相攻击，甚至设下计策，陷害对方。天时不具备，明朝廷与杨镐选择二月出关讨伐，时机非常不合适，这个时候的关外还是冰天雪地，寒冷异常，关内士兵一旦深入，将会困难重重。果然，杨镐原定二十一日出关，却遭遇天降大雪，一片银装素裹的世界，明军出关，必然迷路，杜松军就找不到方向了。可是，杨镐却乱施淫威，挥舞尚方宝剑，强行出师。《明史纪事本末》记载：“国家养士，正为今日；若复临机推阻，有军法从事耳！”

杨镐这只蠢虎不懂军事，刚愎自用，必然误国。而努尔哈赤，则恰恰相反，他洞察时局，马上召开御前会议，大家集思广益，分析敌我，反复讨论，商议应对之策。终于，一整套应对之法出台，非常正确。

第一，确定战略战术。这很重要，面对强敌，大军压境的时候，必须选择正确的战术。努尔哈赤了解到，明军兵分四路，浩浩荡荡压向赫图阿拉，势力强大。如果后金军四面迎敌，力量分散，极有可能被逐个吃掉。所以，必须集中优势兵力，所有的八旗军拧成一股绳，包围其中一个老虎，狠狠地打，然后各个击破。《明季稗史初编》：“任尔几路来，我只一路去。”

第二，派遣间谍。这是努尔哈赤最擅长的事情了，他认为只有派出谍工深入虎穴，才能得到真实可靠的军报，也才能知己知彼百战不殆。于是，他派出了汉人间谍，化装成商人模样，深入关内，几乎无所不入，全面准确地了解了敌情。《三朝辽事实录》：“我师未出，彼防已预。”不仅如此，努尔哈赤还宣布后金国实行戒严，国内的人不许随意出境；境外的人不许随意进来，以防军事机密泄露他人。这一点儿，与杨镐大张旗鼓宣扬军事机密刚好相反。

第三，设置巧计。努尔哈赤一贯主张战争要凭借智慧取胜。所以，他决定因地制宜，充分利用有利地势。比如，努尔哈赤命令在通往赫图阿拉的主要路口设置伏兵；砍伐巨大树木，横截马路，给明军进攻设置障碍；等等，处处都是技巧用兵。

第四，展开外交攻势。杨镐的策略，不仅明朝要大军集结，四路出师，还要他的盟军一起协助，形成包围和震慑。明军的盟友有两个，一个是叶赫，一个是朝鲜。努尔哈赤立即行动起来，派遣使者，前往两处，或馈送礼物，加以笼络；或晓之以理，予以说服。他的外交攻势果然奏效，杨镐都接到了消息。他在《速敕蓟兵出关疏》中说叶赫不肯出兵协助，“不免有迁延、观望之心”。

这样，蠢虎与灵羊之间，智商悬殊，一旦交锋，会是怎样的结果呢？

首虎被箭

出关的四虎中，以杜松为首虎，这是由他的性格决定的。

杜松勇敢。这个人骁勇善战，从不畏惧敌人。但是，勇敢中也夹杂着鲁莽，这种人往往会刚愎自用。

杜松贪功。以其武功高强而多有战功，也因此而养成贪功的恶习。往往喜欢表现自己，尤其是战功方面，杜松非常贪婪，喜欢听别人夸赞他。

这样的杜松，杨镐却没有充分认识到，反而让他率先出关。万历四十七年（1619年）二月二十八日，杜松率两万官兵，从沈阳奔向抚顺，大军直接杀向赫图阿拉，速度之快令人惊奇。杜松的老毛病犯了，他要率先擒拿努尔哈赤，立下大功。可是，杜松此行上了两个人的当，要想遂愿恐怕很难。

一是上了李如柏的当。

相比于杜松的直率，李如柏非常狡诈。他盯上了杜松，便想利用杜松的耿直要弄他。早在二月十一日，两人在辽阳的时候，酒宴开始，李如柏道：“杜将军此次能够擒拿努尔哈赤吗？这可是个硬骨头啊。”

杜松一听，怒道：“说的什么话？我是干什么来的，一定要把他擒拿归案！”

李如柏戏道：“这要看你的本事了，如果你能捉到努尔哈赤，我就把头功让给你。就怕你做不到。”

杜松被他激将，怒不可遏，恨不能马上起兵，捉到努尔哈赤。最可气的是，杜松起兵之后，李如柏居然派出奸细，在杜松军中散布谣言：“杜将军的队伍行动太慢了，清河路已经快到赫图阿拉了，努尔哈赤很快就会被别人捉到。”

杜松一听，非常着急，便督促士兵，马不停蹄地向赫图阿拉疾驰。他明显上当了，李如柏是想要他先与努尔哈赤交锋，试探虚实，再做打算。

二是上了努尔哈赤的当。

杜松率军疾驰，日行百里，第二天晚上，抵达浑河。他站在岸边瞭望，不知水深浅，不敢贸然下水。

探子先下水，走至河中心，探子道：“将军，河水不深，可以渡河。”随行的谋士阻止道：“当心有诈，早听说浑河水很深。”

杜松大笑道：“怕什么，有我杜松呢。”说着，扔掉酒壶，敞开胸怀，骑马下水。谋士劝他披上铠甲，当心敌人袭击。杜松毫不畏惧道：“入阵披坚，非丈夫也。”带领众人一路涉水而去。

可是，他上了努尔哈赤的当。努尔哈赤看他和士兵已经到了河中央，便下令放水。原来，努尔哈赤早就料到了杜松的鲁莽，便在上游将河水拦住，专等杜松，只要他们进入中央，便放水。霎时间，拦住的河水像返潮一样，把杜军冲垮，一千余众被水淹死，军队大乱。

杜松两次上当，出师不利。

三月初一，杜松孤军深入萨尔浒，与努尔哈赤在此决战。

努尔哈赤使用了早就制定好的战术：集中优势兵力，重拳出击，打击杜松部。这样，努尔哈赤率领八旗精兵，约四万五千人，将杜松萨尔浒大营一万五千人团团围住。

两军交锋，明军自然不抵八旗兵，纷纷溃退。接着，杜松布下的吉林崖大营也被八旗军一举摧毁，两军厮杀一片，从午时战到酉时。杜松提刀奋战，越杀越勇，可惜，他是个孤胆英雄，终于力不可支，中箭身亡。《极议安边固圉疏》记载："杜总兵砍杀数里，被达贼围住，杜总兵面中一箭，落马。"

就这样，首虎杜松和他的两万大军，被努尔哈赤全部歼灭。萨尔浒首战后金军告捷。

老虎遁

三月初一，杜松全军覆没，努尔哈赤取得萨尔浒大捷，信心倍增。于是，他快马加鞭，决定再歼老虎。

入侵的第二号老虎是马林。朝廷和杨镐选中马林为开原路主将，朝野上下颇有微词。主要是分析他的性格，不适宜做主将。马林雅好诗文，擅于结交各界名流，完全是个场面上的外交家。战争是残酷的，以马林这样的人领兵打仗，势必出现问题。《明神宗实录》记载："林庸懦，不堪一面之寄，乞易别帅当次重任；不然，不惟误事，且恐此身实不自保。"

但是，辽东经略杨镐刚愎自用，坚持自己的观点，还是启用马林为开原北路主将，统领一万五千大军向赫图阿拉进军。按照要求，他应该与杜松军会合，共同与努尔哈赤作战。可是，由于马林军行动缓慢，致使两军未能如期会师。

尤其是闻听杜军全军覆没之后，马林便接连做出了错误的决策。

首先，马林决定大军停滞不前，变进军攻伐为驻地防守。

其次，马林下令他的军队一分为三，结成"牛头阵"：马林亲自率领主力军，驻扎尚间崖；潘宗颜率领军队，在飞芬山结营；龚念遂率领大军，在斡浑鄂漠结营。三军拱立，形成以马林军为牛面，潘宗颜军和龚念遂军各为牛角的“牛头阵”。

马林的这两个决策，注定要以失败而告终。他擅自改进军为防守，造成他的军队一片慌乱，全军上下笼罩着悲观的情绪，军队士气低落。而他自以为是的“牛头阵”呢？则完全适应了努尔哈赤的战略战术，更是必败无疑。

努尔哈赤早就制定了“集中优势兵力，歼灭来犯之敌”的战略战术。马林军本来就比后金军少，又被马林一分为三，造成力量非常薄弱。努尔哈赤下令八旗军各个击破，粉碎“牛头阵”。

后金军集中军力，先砍掉一只牛角——龚念遂营，再粉碎牛面——马林大营，最后砍掉另一只牛角——潘宗颜大营。

努尔哈赤在指挥作战中灵活机动，战术各异。对于龚念遂营，努尔哈赤下令以骑兵猛冲阵营，用阵势压倒敌人，很快，龚念遂营被破。对于马林大营，努尔哈赤命令下马步战，短兵相接，代善、阿敏、莽古尔泰三大贝勒身临战场，冲锋在前，马林大营被破。对于潘宗颜营，努尔哈赤则采用一半步兵重甲作战，冲在前面；一半骑兵作战，分裂包围敌军，纵横驰突，力求全部歼灭。

结果，“牛头阵”的两只牛角被砍掉，牛面被毁掉；三个大营的将领中，龚念遂和潘宗颜纷纷战死，惨不忍闻；而主将马林，这只进山大虎则临阵脱逃。《清史稿》记载：“上下交击，马林遁。”真正应了人们的预言，马林竟然在两军酣战之时，狼狈率军逃回开原。

这场战斗，努尔哈赤认真分析了敌军的军力布置，采用灵活机动的战略战术，全部歼灭马林军。至此，进山四虎中的两只老虎一死一逃。努尔哈赤信心百倍，做好充分准备，迎战最后两只老虎。

老虎碎颊

出关四虎中，努尔哈赤以雷霆万钧之势，打掉了两只。这个时候，努尔哈赤心中颇有底气，不仅杀掉了敌人的锐气，还缴获了大批武器物资，壮大了八旗军。屈指算来，还有两只老虎，努尔哈赤决定，自己不再亲临战阵，留下精兵四千，保卫赫图阿拉，他要坐镇指挥。

现在，努尔哈赤面临的第三虎，是东路宽甸路的总指挥刘綎将军。刘綎是一员虎将，最擅长使用大刀，刀重达一百二十多斤，却能舞动如飞，号称“刘大刀”。在那个年代，人们敬重武功高强之人，努尔哈赤也不例外，非常敬重刘綎。

刘綎是个大忠臣，对朝廷忠贞不贰，存有一心报国的热情。这次他奉旨出关，征伐努尔哈赤，内心是有不同看法的。他认为，打仗最重视天时地利人和，三者缺一不可。不过，他认为此时出关，不具备这三点，便与朝鲜都元帅姜宏立交流，发牢骚。姜宏立问他出关最佳时期，刘綎认为应该在四五月份，那个时候，春暖花开，利于大军行动。

尽管如此，刘綎还是具有大局意识，不仅坚决执行皇帝旨意，而且把自己的身家性命都压在此次军事行动之中，以表他的忠心。他星夜兼程，带领儿子刘结、刘佐及养子刘招孙，并家丁七百多名，战马八百多匹，又带佛郎机、百子排号、鸟铳、火炮、军船等，赶赴京师。

刘綎奉旨出关，遇到的最大障碍是杨镐。他与杨镐素来不和，处处受制于人，让他心中不爽。杨镐不顾实际情况，屡屡催促刘綎出兵，以求红旗报捷。刘綎建议缓兵出发，杨镐勃然大怒，竟要军法从事，并派出守备于承恩前往催促。同时，密令游击将军乔一奇便宜行事，大有要制服刘綎的气势。

刘綎心中明白，也是无可奈何，便带领一万五千余人的乌合之众，草率出军。恰遇大雪封山，艰难跋涉，准备前往与朝鲜援军会师。

朝鲜方面，对此次出兵反应冷淡。主要是没有必胜的信心，对腐败不堪的明朝军队不抱希望。所以，出师非常缓慢。朝鲜的都元帅姜宏立带领一万三千大军前往，仍然是艰难跋涉。朝鲜军面临很多困难，主要是军饷不济，士兵嗷嗷待哺，好多人冻死在途中，怨声载道，还发生了士兵抗议的绝食行动。

终于在二月二十五日，刘綎军和姜宏立军在亮马甸子会师。两军会合，没有喜悦，反而互相抱怨，士气低落。

相反，努尔哈赤方面，却做了充分的准备。

首先，选中距离赫图阿拉五十里的阿布达里冈为伏击刘綎军之地，布置一个口袋阵。具体做了伏军安排：扈尔汉领五百人引诱明军西进；皇太极率军埋伏在阿布达里冈的右翼山丛之中；阿敏率军潜伏于山岗的南部；代善率军等待刘綎大军一旦进入口袋，正面冲击。

其次，使用诈术，诱敌进入口袋阵。刘綎素来多疑，担心受到后金兵伏击，便驻足不前。努尔哈赤急忙用计引诱。

他先派出一名传令兵，前往刘綎军，请刘綎迅速出兵。这个传令兵是假冒的，本是努尔哈赤军营中的一名浙江人，利用缴获的杜松军的令箭，前往刘綎军传号。《明史纪事本末》记载：“綎曰：‘同大帅，乃传矢，裨我载！’”

刘綎不见得看出破绽，关键是心里不舒服。努尔哈赤情急之下，又用杜松阵亡的衣甲和旗帜引诱，并说：“杜松大军已经深入赫图阿拉，马上就要大功告成了。”这句话，一下子击中了刘綎的弱点，他是个贪功冒进之人，岂能让杜松抢得头功。于是，下令拔营前进，他中计了。刘綎大军按照努尔哈赤的计划，进入了早就布置好的口袋阵。

八旗军早就铆足了劲儿，对刘綎军形成包围之势，狠狠打击。刘綎虽知道中计，仍顽强抵抗。他的大刀上下翻飞，与代善、皇太极马上相拼。可惜，一代英豪，朝中猛虎，被困牢笼之中。《明史纪事本末》记载：“綎中流矢，伤左臂；又战，复伤右臂，綎犹鏖战不已。自巳至酉，内外断绝，綎面中一刀，截去半颊。”

可怜刘綎，威风凛凛的一员虎将，威震华夏，居然被砍掉半边脸，坠马而亡。

刘綎战死，他的养子刘招孙也战死疆场。刘綎军立刻大乱，八旗军乘势围歼，刘綎军覆没。

友军姜宏立部的一万三千人，则被代善大军团团围住。不得已，姜宏立向八旗军投降。

老虎掉头

努尔哈赤一鼓作气，一举击溃明朝出关四虎中的三虎：杜松、马林和刘綎，还剩最后一虎——李如柏。说到李如柏，不得不讲讲他的家族，他有一个煊赫的家族。

李如柏的父亲是大名鼎鼎的辽东名将李成梁，努尔哈赤对他再熟悉不过了。李成梁有九个儿子，其中五位做到总兵官，四位做到参将，都是抗击外寇猛将，时人誉为“李家九虎将”。五位总兵官分别是长子李如松、二子李如柏、三子李如桢、四子李如樟、五子李如梅。

李如柏此次被万历帝选中，作为四虎之一，出关讨伐努尔哈赤，被寄予厚望，多半是万历帝看中了他祖上的荫德，家族的传奇；而对李如柏本人的性格，恐怕较少了解。

李如柏和主帅杨镐之间，则更是多了些缘分在里面。早在万历二十年

（1592 年），在朝鲜战场上抗击倭寇，杨镐就与李如柏的弟弟李如梅共事。不过，杨镐毫无主见，完全听命于李如梅，致使战局逆转。这次，杨镐选中李如柏为出师将领，更是颇为依靠。凡事征询李如柏的建议，没有自己的主见。

李如柏本来就身世复杂，偏偏与努尔哈赤又扯上了关系，有人说李如柏与努尔哈赤是裙带关系，不可不防。不过朝廷正在用人之际，反对的呼声没有被过多关注。尤其是李如柏庸懦无能、胆小如鼠的个性，没有引起朝廷的关注。

既如此，李如柏被委以重任：统领清河路大军，与杜松、马林、刘綎一起，出关奔向赫图阿拉城，剿杀努尔哈赤。李如柏作为出关四虎，独领一军，使命艰巨。

可是，李如柏没有积极筹划进军之策，他生性懦弱，有辱李成梁的名将家风，迟迟不敢出兵。三月初一，才出鸦鹘关，而这一天，杜松大军已经覆没，痛失作战良机。初三，前方传来战报，刘綎大军和八旗军交战，陷入重围，李如柏有责任和义务火速驰援，策应刘綎摆脱危局。

副将贺世贤立即建议："将军，我军可从旁策应，增援刘綎将军，打努军措手不及！"

李如柏听后，点了点头，却没有下达出军的命令。贺世贤非常着急，又不理解。原来，李如柏另有打算，他想保存实力，绝对不能前去送死。

恰在此时，李如柏接到了主帅杨镐的命令：迅速回师，不要前往与后金兵交锋。原来，杨镐已经接到三虎败北的消息。对于李如柏的迟缓和观望，不但没有责怪，反而命令他们回师撤退。

李如柏如释重负，赶紧安排大军撤退。所谓兵败如山倒，李如柏这只纸老虎率领下的军队，听闻撤退的消息，居然狼奔豕突，唯恐慢了被敌军杀死。一时之间尘土飞扬，狼狈至极。

努尔哈赤一鼓作气，一举击溃明朝出关四虎中的三虎：杜松、马林和刘綎，还剩最后一虎——李如柏。

李寅语录

努尔哈赤共有『七大恨』，以之为伐明的依据，其中四恨都与叶赫有直接的关系。

可是，他们在撤退途中，发生了一个不测事件。《明史》记载：“大清哨兵二十人见之，登山鸣螺，作大军追击状，如柏军大惊，奔走相蹴，死者千余人。”

真是奇怪了，李如柏几万大军，只是看到区区二十名后金巡逻哨兵，就以为如临大敌，溃不成军，相互踩踏，死者达到一千余人。

李如柏这只入关老虎，如此不堪一击，真是有负朝廷的重托。虽然暂且保住了一条性命，却大受嘲讽，于朝中已很难立足。

拔钉子

对于叶赫部，努尔哈赤一直纠结于心。叶赫部的强大，使得努尔哈赤无法灭掉它，也就成为钉在辽东大地上的一颗钉子。几十年来，努尔哈赤与叶赫部之间恩恩怨怨，纠缠不断。萨尔浒大捷之后，努尔哈赤想起新仇旧怨，决心拔掉这颗钉子。

旧　怨

在努尔哈赤的脑海中，叶赫部是个挥之不去的阴影，叶赫部总会在关键的时刻出来捣乱。叶赫部绝对不会雪中送炭，永远是落井下石。努尔哈赤思来想去，这个叶赫部实在可恶至极。

我们不妨梳理一下，究竟建州努尔哈赤与叶赫部之间，有哪些仇怨。

万历二十一年（1593 年），叶赫部纠集九部联军，入侵建州。努尔哈赤集合精兵强将，奋力反击，挫败了联军。叶赫部贝勒布寨战亡，尸体落入建州。为讨回布寨尸体，双方结下仇怨。《明神宗实录》记载："北关请卜酋尸，奴酋割其半归之，于是，北关遂与奴酋为不共戴天之仇。"

万历二十七年（1599年），叶赫部与建州争夺哈达部。哈达部首领孟格布禄以叶赫为后援，反复无常，激怒努尔哈赤。努尔哈赤发兵征讨哈达部。

万历三十五年（1607年），叶赫部再与建州争夺辉发部。辉发部长期依赖叶赫部，引起建州的极大关注。辉发部首领拜音达里曾经说过这样的话："我将生于叶赫部与建州部之间。"实际上表明了自己对叶赫部的依赖。于是，努尔哈赤是年发兵征讨辉发部，将其灭掉。

万历四十一年（1613年），叶赫部与乌拉部布占泰结为姻亲，目的是与建州争夺乌拉部。叶赫部也曾经多次与乌拉合谋，企图共同对付崛起的建州。当努尔哈赤统大兵攻下乌拉城的时候，乌拉贝勒布占泰竟然逃往叶赫部。为此，努尔哈赤三次派遣使者，索要布占泰，叶赫部不给，因此而结怨努尔哈赤。

万历四十七年（1619年），叶赫部对后金的牵制作用被明确化，礼部侍郎何宗彦的一纸奏折，使局势骤然紧张，努尔哈赤再次关注叶赫部。《明神宗实录》记载："有北关在，可牵奴酋之后，辽沈或可恃以无恙。"

明朝的目的很明显，就想利用叶赫部牵制努尔哈赤，借助建州周围的部落和蒙古朝鲜，对其形成一个包围圈，时机一旦成熟，就要绞杀这个政权。尽管努尔哈赤多方努力，讨好明朝也好，结好叶赫部也好，都无济于事，叶赫部与努尔哈赤的敌人串通一气，结成反对联盟。

为此，努尔哈赤心中对叶赫部的仇怨越积越深，挥之不去。当他在天命三年（1618年）四月十三日，下达对明"七大恨"的时候，细数其中的仇恨，就能看出端倪。

"七大恨"中的二恨、四恨、六恨、七恨都包含了叶赫部：

二恨："逞兵越界，卫助叶赫。"控诉明朝对叶赫部的支持与帮助。

四恨："明越境以兵助叶赫"，同样控诉明朝大军越境帮助叶赫部的行为。

六恨："边外叶赫，获罪于天，明乃偏信其言"，控诉明朝偏听偏信叶赫部。

七恨："今明助天谴之叶赫，抗天意，倒置是非"，控诉明朝逆天行道，偏袒叶赫部。

努尔哈赤共有"七大恨"，以之为伐明的依据，其中四恨都与叶赫部有直接的关系。可见，在后金和努尔哈赤心中，叶赫部非常敏感，只要谁与叶赫部发生了关系，就会触动努尔哈赤的神经。

死　结

叶赫部如此结怨于努尔哈赤，是自作孽不可活。加之，努尔哈赤是个野心勃勃之人，他的目标绝不仅仅是统一局部，而是放眼整个辽东，甚至于入关称雄。这样，信誓旦旦而又桀骜不驯的叶赫部，必然成为努尔哈赤的眼中钉、肉中刺。

尤其是，努尔哈赤在万历四十一年（1613 年）正月灭掉乌拉之后，扈伦四部中唯有叶赫部还安然无恙，时不时与建州为敌。努尔哈赤深深感觉到，这个叶赫部已经成为他的心腹大患，必欲除之而后快。于是，努尔哈赤积极行动，聚集兵力，寻找合适的时机，征伐叶赫部。

乌拉灭亡之后，努尔哈赤与叶赫部旧怨未了，新仇又结。细数历次征伐叶赫部，共有三次：

第一次：万历四十一年（1613 年）正月初八，愤怒至极的努尔哈赤统兵征伐叶赫部。建州大军兵临叶赫部的张城、阿气郎城，奋力攻克；接着，努尔哈赤又兵伐叶赫部的七个寨子，掳掠人畜达到两千余，奏凯而归。

第二次：万历四十一年（1613 年）九月，努尔哈赤统兵四万，大举征伐叶赫部。对叶赫如此密集地用兵，实属罕见。不过，叶赫部早就有所防备，努尔哈赤便从北面迂回进入叶赫部境内。先攻乌苏城，守将不战而降，开城迎敌。努尔哈赤大悦，不吝赏赐珍宝。接着，努尔哈赤乘胜进军，连克叶赫部十九城寨，大掠而归。

第三次：万历四十七年（1619 年）正月初七，此时，努尔哈赤已经建元天命四年，他亲率大军，讨伐叶赫部。大军势如破竹，所向披靡，连下叶赫部屯寨二十余处，一路掳掠，收获大量人畜、财物。叶赫部极为慌张，急忙向明朝求援，开原总兵马林率军驰援。努尔哈赤早有防备，在他出征之前，已经令代善率军五千堵住扎喀关，防止明军乘隙偷袭赫图阿拉。至此，努尔哈赤收获满满，奏凯而归。

后金与叶赫部的仇怨越结越深，今天你打我，明天我伐你。相比之下，后金努尔哈赤的势力强大，叶赫部弱小，每次都是努尔哈赤率大军讨伐叶赫部，打到人家门口，掳掠财物和人口。叶赫部怎么办？叶赫部向来不屈从于努尔哈赤，他们只有一条道路可走，那就是依赖明朝的支援。

明朝乐得其所，正乐意利用叶赫牵制后金势力的壮大。于是，双方一拍即合，在万历四十七年（1619 年）萨尔浒大战前夕，明朝频繁派人出使叶赫，希望他们出兵，帮助四虎剿杀努尔哈赤。经略杨镐希望叶赫出兵一万人，不然，就会质疑叶赫对大明的真诚。

《按征倭播事例酌议兵食疏》记载："密谕北关报有精兵万人。"此时的努尔哈赤很紧张，他派遣使者卜路出使叶赫，企图阻止叶赫出兵帮助四虎。卜路见到了叶赫的两位贝勒：锦台什和布扬古。双方打了一场口水战。

卜路道："两位大贝勒，我们的父祖和你们的父祖都是官军害死的，你们为什么不和我军联合起来，共同打击官军呢？我们两部讲和吧。”

两大贝勒怒道：“住嘴！我们世代接受朝廷的恩泽，岂可忘恩负义！回去告诉你的主家，我们势不两立！”

卜路遭到了两大贝勒的严词拒绝，悻悻而归，没有完成使命。努尔哈赤知道，他与叶赫之间已经成为死结。遥想当年，他打死布寨，并把他的尸体一劈两半，局势就已经不可逆转了。

当然，叶赫出兵助明，和明朝之间也是矛盾重重。明朝想要叶赫大军统归马林领导；叶赫则要求自成一军，不受明军节制。结果，叶赫只组成两千人的队伍，出兵助明。

这样，努尔哈赤与叶赫之间，你死我活的气氛愈加浓烈，誓不两立，战争不可避免。

殊途同归

对于叶赫，努尔哈赤最痛恨的是两个人，一个是锦台什贝勒，一个是布扬古贝勒。这两个人带领叶赫部，屡次与努尔哈赤作对，成为他事业道路上的绊脚石、心腹大患。所以，努尔哈赤下定决心，一定要除掉他们。

万历四十七年（1619年）八月（天命四年），萨尔浒大捷之后，努尔哈赤决定带领大军讨伐叶赫部。努尔哈赤知道，此行不亚于与四虎作战。因为叶赫城非常坚固，拿下这座城池，恐怕要付出巨大的牺牲。所以，他决定破釜沉舟，不达目的誓不罢休。

《叶赫国贝勒家乘》记载：“此举如不克平叶赫，吾必不返国也。”这是努尔哈赤的豪言壮语，也是他对叶赫的宣战书。成败在此一举。八旗兵日夜兼程，晓行夜宿，来到了叶赫城下。

叶赫城分为东城和西城两部分，东城最坚固，也最难攻克。东城是锦台什贝勒的驻地。这座城池可谓固若金汤，光城池就有四重，中间凿山为城，上建置八角楼，锦台什的老婆孩子以及财物都在这里。为了保证万无一失，八角楼周围设置了近万名弓箭手，随时准备打击来犯之敌。西城则为布扬古的驻地，也是一座山城，相比东城，西城结构简单，只有两重围墙，分为内城和外城，布扬古住在内城。

努尔哈赤大兵抵达叶赫城的时候，两军交战，互有伤亡，叶赫军明显抵挡不住八旗军，两位贝勒商议，不如退居城内，保存实力，或许还有希望。于是，叶赫军鸣金收兵，四城紧闭，努尔哈赤大军被分隔在城池之外。

努尔哈赤与众将商量，决定分别攻打东西二城。东城最难，由努尔哈赤亲自攻坚；西城则由四大贝勒负责拿下。分工既已明确，大家领兵各奔东西。

东城攻坚，最为激烈。不仅城池复杂坚固，易守难攻；而且东城之主锦台什非常顽固，他放出话来："我可不是明朝的残兵败将，作为大丈夫，我绝对不会投降，宁可战死在这里！"

锦台什的一席话，等于一针兴奋剂。八旗兵听了，顿时产生了畏难情绪，尤其是叶赫部具有蒙古血统，骁勇善战，要想攻下东城必将付出巨大的代价，锦台什的攻心术收到了预期效果。努尔哈赤见状，立即采取对策。他采用了激将之法，道："今天如果我们不能攻下叶赫，我们就罢兵回去吧，以后也不会再来攻打叶赫了。"

努尔哈赤的这番话等于是自己认输。八旗兵向来不认输，所向披靡，岂肯轻易认输。于是，大家齐声高喊："就是战死，也要拿下东城！"喊声震撼天地。于是，八旗军冒死攻城，虽然伤亡巨大，但最终还是将内城攻陷。八旗兵蜂拥而入，包围了内城的核心——八角楼。锦台什和他的老婆孩子就在这里。

因为锦台什是皇太极的舅父，努尔哈赤决定启动亲情程序，看看是不是可以打动锦台什。皇太极奉命从西城火速前往东城，来到八角楼下。下面是甥舅的一段生死较量。

皇太极喊道：“舅舅，您下来吧，不要负隅顽抗了。”

锦台什：“好外甥，如果你说一句‘收养舅舅’，我就下来。如果你不说，我就死在这里！”

皇太极：“舅舅，这个我做不了主，都由我父汗做主。”

锦台什：“那好，我让阿尔塔石去见你父汗。”

锦台什对努尔哈赤存有希望。可是，努尔哈赤见到锦台什的近臣阿尔塔石之后，怒不可遏，历数锦台什的“罪恶”，大家知道，锦台什不会有希望了。

锦台什思来想去，还是允许他的妻子带着孩子先下楼受降。这时，他释然了，也解脱了。只是有必要对自己的子孙做个交代，于是，他向皇太极委托后事。《叶赫国贝勒家乘》记载：“吾甥庶念汝母及诸舅氏骨肉至戚，全吾子孙足矣；吾誓不生也。”

锦台什拒绝投降，举火自焚，未死；被八旗兵俘获，努尔哈赤绞杀了他。

四大贝勒攻打西城，外城未用强攻，即自行投降。八旗兵进入内城，包围了布扬古的驻地。布扬古是个懦弱之人，远没有锦台什那么强势。他有心投降，但又怕努尔哈赤杀他。这样，大贝勒代善向他做出不杀的承诺。

《清太祖实录》记载：“今汝等降，我若杀之，殃及我；汝等不降，破汝城，必杀无赦！”为了取信于布扬古，代善还用刀划酒，一半自饮，一半给布扬古。布扬古相信了代善，向其投降。可是，努尔哈赤早已对其动了杀心，不久就找了个借口，将布扬古绞杀。

锦台什与布扬古虽然性格不同，结局却如出一辙。叶赫部这个钉子就这样被拔掉了。

第五章 功亏一篑

努尔哈赤是一个常胜将军，从第一次抗击九部联军到乌碣岩大捷；从统一建州到吞并扈伦；从占领抚顺到擒杀四虎，努尔哈赤几乎是攻无不克、战无不胜。可是，百密必有一疏，努尔哈赤在天命十一年（1626年），宁远之战中，兵败丧师，狼狈至极。霎时之间，功亏一篑的感觉弥漫心间。

花甲冲！冲！冲！

万历四十六年（1618 年），努尔哈赤刚好六十，他正式进入了花甲之年。努尔哈赤认为这不是他退休之年，而是他焕发生机和斗志的成熟时刻。自此之后，努尔哈赤以花甲之年，或骑马率军，或运筹帷幄，或攻城略地，马不停蹄，一路拼杀，事业可谓风生水起。

开原用“谍”

努尔哈赤把目标锁定在了开原城。开原是一座古城，位置重要：东接建州，西接蒙古，北接叶赫，是明朝的一个政治、经济、军事重镇，努尔哈赤必欲夺之。

可是，开原布有重兵，攻守不易。为了做到万无一失，努尔哈赤做了充分准备。

第一，派谍工进城。在当时，努尔哈赤有一个称号是“最工间谍”。

开原之战前夕，努尔哈赤便派出了大量间谍。《三朝辽事实录》记载：“开原未破而奸细潜伏于城中。”

努尔哈赤派出的这些间谍，大致有两个用途：刺探城内情况，包括军事部署、武器分配、城防情况等；作为内应，一旦努尔哈赤攻城开始，间谍们要组织城内的异己分子，做好内应，或打开城门，或进行反击。

第二，策反盟国。努尔哈赤的盟国是蒙古的宰赛和暖兔。本来，宰赛和暖兔是明朝的盟友，他们曾经答应开原总兵官马林，一旦战事发生，必要出二十四营相助。于是，马林便觉得高枕无忧了，不做任何军事准备。可是，努尔哈赤对宰赛和暖兔进行了收买，他们便答应配合努尔哈赤军队，打击明朝守军。

第三，出疑兵。声东击西，这又是努尔哈赤的惯用策略。进攻开原之前，努尔哈赤派出一股疑兵向沈阳进发，给明军的感觉是要进攻沈阳。这种做法，更使开原的驻军放松了警惕，毫无戒备。

同努尔哈赤的精心准备恰恰相反，开原城处在糜烂不堪的状态中。官员贪腐，士兵漫不经心，军饷奇缺，武器破烂。

努尔哈赤还未出兵，对开原城已经了如指掌了，他决定出兵攻城。

万历四十七年（1619 年）六月初十，努尔哈赤率四万大军亲往开原。这一天，大雨滂沱，道路泥泞。八旗兵艰难跋涉，却更加迷惑了开原城的守军。加之，努尔哈赤派出了前往沈阳的疑兵，开原侦察到的信息是，努尔哈赤准备进攻沈阳。

六月十五日深夜，八旗军突然降临开原城下。兵临城下，开原城内一片慌乱，推事官郑之范胡乱指挥。

这个时候，蒙古的宰赛和暖兔迅速出兵，占领庆云堡和镇西堡，从西部牵制明军；城内的谍工也紧急行动，迅速做好策反准备，时机一旦成熟，就打开城门。努尔哈赤的八旗军在城外的南、西、北展开猛烈攻击。

这样，开原城很快就被八旗军攻下。开原遭到劫掠，成为人间地狱。

守军将领战殁。负责开原城守的明朝将领马林被杀，副将于化龙、参将高贞、游击于守志战死。将领战殁，军队大乱，纷纷溃逃。

八旗军烧杀掠抢。开原城非常富庶，多年的积累，使这里蕴藏了大量财富。八旗兵占领之后，大肆抢劫，对这里的金银、布匹、粮食、牲畜等财物进行掳掠。凡是可以抢走的，就不会放过。然后，打包运走，光运这些财物就运了三天。

全城死难。面对八旗兵的蹂躏，开原古城人民不甘屈辱，纷纷自杀身亡。《光海君日记》记载：“人争缢死，屋无虚梁，木无空枝，至有一家全节，五六岁儿亦有缢死者。”据统计，开原全城十万多居民尽数罹难，只有一千余人逃了出来。

纵火烧城。实际上，努尔哈赤攻下开原之后，曾经登上城楼，观察周围形势。可是，八旗军纵掠三日之后，居然纵火烧毁了这座古城，霎时之间，繁华的开原成为人间地狱。

铁岭用“财”

铁岭是明朝设置在辽东的重镇，具有重要的军事价值。铁岭距离沈阳一百二十里，距离虎皮驿一百八十里，军事上往来策应，必不可少。

努尔哈赤看到了这一点，他分析了辽东的形势，与诸王大臣商议：“开原已破，大家说说，我们下一步攻打哪座城镇呢？”

大家议论纷纷，有的说辽阳，有的说沈阳，莫衷一是。

努尔哈赤道：“下一步我们攻打铁岭。”

大家看着老汗王，一脸蒙。为什么呢？铁岭是明朝布军的薄弱环节，经济、政治作用并不明显，攻下它有什么好处呢？

努尔哈赤道："虽如此，铁岭却必要拿下，而且是目前的首要任务。"

努尔哈赤进行了详尽的分析：

第一，可以试探明军的反应能力。我们一旦出军铁岭，铁岭抵挡不住，必然飞报辽阳、沈阳驰援。那个时候，我们相机观察，明军的配合能力就可一目了然。

第二，打掉辽阳、沈阳的补给站。很明显，一旦我军攻打辽阳、沈阳，明军的粮草供给就非常重要。这个时候，铁岭的作用就发挥出来了，他们必然策应，不管是军力上还是供给上，铁岭都会发挥意想不到的作用。

第三，攻打铁岭，条件成熟。现在就攻打军力强大的辽阳和沈阳，恐怕条件不成熟，我们的力量还不够。而铁岭就不同了，这个城镇位置孤悬，只要我们兵临城下，必然攻克。

大家被说服了，纷纷拥护老汗王的英明决策：攻克铁岭。

可是，用什么办法攻克呢？大家又开始商量军事策略。攻打开原，用的是谍工。努尔哈赤在攻城之前，就派出了大量谍工，开原得以顺利攻克。这次对于铁岭的攻城计划，大家一筹莫展。

努尔哈赤道："这次我们用'财'破铁岭。就是要花钱，没有钱做不到的事情。"这是什么意思呢？努尔哈赤要向两个方向散财。

一个方向是蒙古军。努尔哈赤把在开原城收缴的数百万资财拿出一部分，大约十几万，送给蒙古的宰赛和暖兔，感谢他们在开原之战中对八旗军的策应；同时，也希望他们在铁岭之战中继续配合。

另一个方向是铁岭守军。努尔哈赤这次主张要策反明军将领，从李永芳的投降中，努尔哈赤得到了启示。堡垒一旦从内部攻破，则可收到意想不到的效果。如果在铁岭守军中找到突破口，就是用重金买通那些贪财的将领，铁岭就会不攻自破了。

大家表示赞同，便分头行动，实施努尔哈赤的军事部署。

一切准备就绪，努尔哈赤认为时机已经成熟。万历四十七年（1619年）七月二十五日，努尔哈赤率领六万大军，进攻铁岭。八旗大军兵临城下，看看老汗王的“财”谋能否发挥作用呢？

努尔哈赤料敌如神，正中要害。之前，他们把目标锁定在了参将丁碧身上。关键是，这个丁碧不仅握有兵权，执掌铁岭守军大权，而且非常贪财，见财起意。当他收到努尔哈赤白花花的银子的时候，什么国家利益、民族大节就统统被抛到九霄云外去了。《三朝辽事实录》记载：“参将丁碧开门迎敌。”

虽然丁碧做了叛徒，铁岭仍有正义军士。游击李克泰、喻成名、吴贡卿，判官涂必达等不屈战死，四千余名士兵战死。另外，尚有一万余人的铁岭正直之士或遭杀戮，或遭掳掠。继开原之后，铁岭也成为人间地狱。

当然，铁岭城失，也与明军的腐败大有关联。铁岭告急之时，军报飞报到沈阳，总兵官李如桢畏缩不前，惧怕八旗军。本来，他应该立即率领大军，驰援铁岭，铁岭或可解围。可他率军驻扎在铁岭十五里之外，眼睁睁地看着铁岭被占领。

也有一件令努尔哈赤很意外的事，那就是向蒙古军散财，蒙古军却恩将仇报。七月二十六日，铁岭破城的次日，宰赛纠集各部一万余人，袭击努尔哈赤的军队，造成人员伤亡。努尔哈赤百思不得其解，一怒之下，出兵反击，将宰赛等一百五十余人俘获。

三大战役

努尔哈赤智取开原、铁岭之后，更进一步认识到明军的实力，决定乘胜追击，摧毁明朝在关外的势力，壮大自己。努尔哈赤把目标锁定在三个地方，于是，一场决定明金生死的决战拉开了序幕。

意外的沈阳之战

努尔哈赤进行了选择，大决战的首选目标是沈阳城，他决定在沈阳这个地方打响大决战的第一枪。

可是，沈阳可谓固若金汤。城外设有围城，之间挖有一道大深壕，壕内机关重重：深而大，宽达到五丈，深达到两丈；险，内设尖木桩，布置陷阱；坚，关键部位布置战车和火炮，另置精兵若干。

努尔哈赤要想强攻沈阳城，恐怕难上加难。怎么办呢？他想，不妨分步实施。

第一步：试探。这么重要的军事据点，一旦战事来临，不仅仅是攻城那么简单。沈阳城面临危险，周围的明军一定会赶来增援，军力部署究竟是怎样的呢？努尔哈赤决定先试探一下，他把目标选中在沈阳东南四十里的奉集堡。奉集堡驻有明朝重军，与沈阳互为犄角。奉集堡一旦有军情，明军会迅速反应。

天命六年（1621年）二月十一日，努尔哈赤引兵数万围攻奉集堡。先是守城军队出城迎战，自然被八旗军击败。接着，周围明军来援，双方对战。努尔哈赤目的是攻城，便兵临城下，城上立刻滚木礌石俱下，火炮声起，万箭齐发。努尔哈赤细细观察，断言如果他进攻沈阳城，一定也是这个套路。

第二步：声东击西。这是努尔哈赤比较擅长的战术，他多次讲过，战争不要硬拼，要动脑筋，以智取胜。奉集堡试探之后，他迅速出兵虎皮驿。

虎皮驿与奉集堡、沈阳互为犄角，虎皮驿失守，则奉集堡危急；奉集堡危急则沈阳告急。所以，努尔哈赤立即出兵，进攻虎皮驿。

可是，这都不是努尔哈赤的战略意图，他究竟要干什么呢？明朝将领理解不透。忽东忽西、忽南忽北，这其实是努尔哈赤的战略技巧，他想通过这种办法麻痹敌人，搞乱敌人，然后再突然袭击。

第三步：兵临城下。三月十二日，努尔哈赤率领八旗大军水陆并进，向沈阳城进发，声势浩大。然而，沈阳城易守难攻，明军早有准备。努尔哈赤绞尽了脑汁，他认为最理想的是引诱明军出城野战，消灭主力，然后攻城。可他接连失败。

引不出城。为了引明军出城，努尔哈赤命令八旗兵在城外抢掠明朝百姓，以激怒明军出城，没有成功。

诱而不降。努尔哈赤吩咐降将李永芳，让他设法诱使沈阳守将贺世贤投降。可是，贺世贤是个忠臣，他见到李永芳的来使，便骂不绝口，一怒之下杀了来使，引诱他投诚的办法失败了。

虽然两计未成，努尔哈赤却并未急于攻城。他决定利用贺世贤的弱点，引他出城。贺世贤有个致命的弱点，那就是嗜酒，一旦喝酒了，他会失去控制。努尔哈赤决定等待良机出现。果然，如愿以偿。《明熹宗实录》记载:“世贤故嗜酒，次日，取酒引满，率家丁千余出城击奴。”

努尔哈赤听说贺世贤出城，便命令羸弱士兵迎战。结果，八旗兵佯装失败，后退而逃。贺世贤不辨虚实，趁着酒劲追击。努尔哈赤马上引精兵围合贺世贤，这个时候，他才知道上当了。可是，已经晚了，努尔哈赤下令弓箭手射箭，万箭齐发，贺世贤连中四箭，拼尽全力，坠马而死。

主将已死，时机成熟，努尔哈赤下令攻城。

八旗兵奋勇攻城，突破沈阳城的壕堑，以云梯攻之。本来城上火炮布置严密，箭弩手训练有素。可是，一切因为贺世贤贪酒误事，城内听说主将已死，人心惶惶，无心守城。

尤其是城内守军中有明军俘虏的后金官兵，他们看到明军大势已去，便配合后金军，首先在东门倒戈。《明熹宗实录》记载:“降夷复叛，吊桥绳断。”

东门的吊桥绳子被割断了，八旗军蜂拥而入，与守城官军展开巷战。很快，八旗军攻下了沈阳城。

努尔哈赤占领了沈阳，速度如此之快，又没有巨大的伤亡，真是出乎意料。可是，接下来的事情努尔哈赤更加意想不到，他接到了情报:沈阳北面出现大批明朝军队，向沈阳城包抄而来。

努尔哈赤大吃一惊。经过侦探，得知是总兵官童仲揆、陈策率领川兵、浙兵由辽阳来援；总兵朱万良、姜弼率三万大军从虎皮驿来援；总兵李秉诚率一万大军从奉集堡来援。这些明军从不同方位，浩浩荡荡向沈阳进发。

按照常理，努尔哈赤将面临一场恶战。会不会像当年四虎出关那样，努尔哈赤不寒而栗。可是，意外发生了。

援沈大军观望不前。朱万良和李秉诚的大军合起来总共有四万多人，声势浩大，而且武备精良，可以与八旗兵决一死战，即使打不败八旗兵，也可以大大牵制努尔哈赤。可是，朱、李大军只与八旗兵简单交锋，就一败涂地。朱、李急忙下令收兵，回避八旗军的锋芒，这正中了努尔哈赤的下怀。

然而，努尔哈赤却感到了大大的意外，只有六七千人的童仲揆、陈策所属军队却顽强抵抗，使他的八旗军遭遇了前所未有的巨大损失。

首先是川兵的极力抵抗，川兵将领周敦吉领兵奋力冲击八旗军。努尔哈赤根本瞧不上这股兵力，不仅仅是兵力少，而且还因他认为明军都是孬种，不敢抵抗。努尔哈赤下令八旗军五万人出动围击，争取一举歼灭。

于是，白旗军率先冲击，心高气傲的白旗军居然败下阵来。努尔哈赤大惊，再让黄旗军冲击，结果一样败下阵来。再接着，是红旗军冲击，又一次败下来。努尔哈赤下令三军合围，一起攻打，都杀红了眼，双方伤亡都很大，尤其八旗军，死伤近三千人。努尔哈赤大惊道：“川兵好厉害呀！”

歼灭了川兵，努尔哈赤下令围歼浙兵。

这次，努尔哈赤不敢怠慢，部署八旗军全力以赴，围歼浙兵。本来，辽东经略袁应泰派出了援军，可是，当援军行至沈阳与辽阳之间的时候，遭遇努尔哈赤的伏兵袭击，五千援军全军覆没。浙兵首领童仲揆请求袁应泰再派援军，可是，袁应泰再也不敢派军，使得浙兵陷入八旗军的包围之中，孤军奋战。

浙兵非常勇敢，拼死冲杀。一时之间，火光冲天，血溅沙场，尸横遍

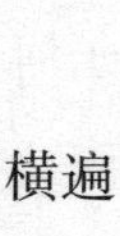

野，异常惨烈。由于敌众我寡，八旗兵数倍于浙兵，导致浙兵全军覆灭。

战争结束了，金明双方都是大感意外。

明朝廷感到了意外。川兵和浙兵如此不畏强敌，奋力拚杀，导致全军覆没，领兵的将领几乎全部阵亡：川兵将领周敦吉、秦邦屏、吴文杰、雷安民战死；浙兵将领陈策、戚金、童仲揆、袁见龙、邓起龙、张名世战殁。于是，朝野上下，极为感动。《明熹宗实录》记载："自奴酋发难，我兵率望风先逃，未闻有撄其锋者。独此战以万余人当虏数万，杀数千人。"

努尔哈赤尤其感到意外。他不仅损失了数千名八旗兵，而且损失了骁勇善战的将领雅巴海、布哈、孙扎亲、巴彦、雅木布里、施尔泰、朗格、杜木布、旺格、达哈姆布录等人。努尔哈赤极为伤心，整个八旗兵都感到了震惊。《光海君日记》记载："虏之死伤亦相当，虏至今胆寒。"连朝鲜的国君都知道，努尔哈赤为此而伤心、害怕。

诡谲的辽阳之战

天命六年（1621 年）三月十三日，努尔哈赤攻下沈阳，三月十八日就主持会议，商讨进攻辽阳的策略。他就是这样，马不停歇，一鼓作气。

可是，他心里非常清楚，夺取辽阳要比沈阳更难，因为辽阳是辽东的首府，是整个辽东地区的政治、经济、军事核心，辽东最大的行政长官辽东经略就驻在这里。所以，努尔哈赤决定，必须使用智谋，才有夺取辽阳的可能。那么，努尔哈赤会采取哪些智谋呢？

首先，使用声东击西之策。三月十九日，努尔哈赤率领大军渡过太子河，辽东经略袁应泰非常紧张。可是，不久他得到报告，努尔哈赤没有围攻辽阳，却朝着山海关方向疾驰而去。他要干什么呢？探子回报的消息称，努尔哈赤大军过山海关，直奔京师，北京告急。袁应泰大惊失色。

实际上，努尔哈赤并没有直奔山海关，而是故弄玄虚，想通过这种办法麻痹袁应泰，使其放松辽阳的防务，调出守备辽阳的军队，在田野中将其歼灭。同时，乘机占领辽阳。

袁应泰果然中计，他派出大军，一面追击努尔哈赤的军队，一面调集大军出辽阳城，在城西五里外结成三个大营。

其次，在辽阳城内广置间谍。努尔哈赤最善于使用谍工，没有谍工，他很难实现攻无不克的目的。三月二十一日，辽阳战火胶着之际，小西门火药库突然起火，殃及军营，城内大乱，八旗兵乘势夺城。这场大火，极有可能是努尔哈赤的谍工干的。辽阳城内，降将李永芳早就联络了一些大户作为内应，再加上努尔哈赤的谍工配合，辽阳城危在旦夕。《国榷》记载："辽阳巨族多通李永芳为内应。"还有，过去那些被明军俘获的后金兵，此时也被努尔哈赤策反，再次为后金卖命，出卖明朝的利益。

最后，使用激将之法。三月十九日，努尔哈赤率大军兵临辽阳城下。后金兵看到明军阵容强大，心生胆怯，想要后退。努尔哈赤见状，便跃马扬鞭，以63岁的花甲之年冲锋在前。

《光海君日记》记载："一步退时，我已死矣，你等须先杀我，然后退去！"这是激将之法。努尔哈赤通过这种办法，激励士兵，只许前进，不许后退，后退则死，没有退路。这一招儿果然灵验，八旗兵奋勇向前，一路冲杀，没有胆怯后退的懦夫。

三招过后，努尔哈赤胸有成竹。接着，他分析了敌情，再正确决策，粉碎了辽阳守军的两大军事策略。

一是粉碎明军阵法。按照袁应泰的战略，五万大军分成三大营，左中右三大营互为奥援，八旗兵为之胆怯。努尔哈赤决定采用切割包围之法，破之。此法果然灵验，明军一旦被切割，便阵法大乱，溃不成军。

二是粉碎明军守城策略。经略袁应泰为了防止八旗兵进入辽阳城附近，便采取了一个办法：引太子河水进入壕沟，东门河水进入，西门闸口封住，形成一个天堑之河道。只要八旗兵敢于跳进沟壕，不会淹死，也会被乱箭射杀。

努尔哈赤从源头治起，调集大军从东门堵住水口，不让河水灌入；再调集大军挖开西门闸口，开闸放水。霎时间，沟壕之内的大水一泻千里，壕堑干涸了，努尔哈赤下令攻城。

这样，努尔哈赤用了三天的时间，从容不迫，攻下了辽东的首府辽阳城。明金双方形成鲜明对比：

努尔哈赤骑着高头大马，进入辽阳城。城内百姓，尤其是妇女，盛装迎接努尔哈赤这个新主人。

明朝的两位关键人物黯然自尽。一位是辽东经略袁应泰，辽阳城陷，深感自责，便自缢身亡。另一位是巡按张铨。这个人非常有气节，他不但不逃跑，反而怒斥李永芳背主投敌。努尔哈赤非常爱才，给他多次机会，要笼络他，收到帐下。可是，张铨大义凛然，只求速死。于是，他在衙署自缢身亡。

努尔哈赤非常感慨，下令厚葬这两位明朝的忠臣。

奇怪的广宁之战

辽阳被努尔哈赤占领之后，明朝把广宁作为关外重镇，成为行政首脑巡抚的驻地。所以，对于明朝来讲，广宁的位置就至关重要了。对于努尔哈赤来说，广宁则更为重要，如果后金不占领广宁，辽沈就会岌岌可危，也就保不住辽东，根据地会很快失去。这样，努尔哈赤把下一个目标锁定努尔哈赤从源头治起，调集大军从东门堵住水口，不让河水灌入；再调集大军挖开西门闸口，开闸放水。霎时间，沟壕之内的大水一泻千里，壕堑干涸了，努尔哈赤下令攻城。

李寅语录

努尔哈赤尤其感到意外。他不仅损失了数千名八旗兵，而且损失了骁勇善战的将领雅巴海、布哈、孙扎亲、巴彦、雅木布里、施尔泰、朗格、杜木布、旺格、达哈姆布录等人。

在了广宁。

广宁城地势险要，依山傍水，易守难攻，历来为兵家必争之地。广宁巡抚王化贞率领两万军队，驻扎在这里。

努尔哈赤既已锁定广宁，明朝就必然要坚守广宁，双方展开了争夺战。看看谁胜谁负。

先看看明朝的准备情况。细细分析，明朝军队必败无疑，毫无取胜的希望。

第一，经抚不和。

辽东经略是熊廷弼，他坐镇山海关，调度辽省，是这里的最高军政长官。巡抚是王化贞，坐镇广宁。这两个人向来不和，尽人皆知，甚至连皇帝都知道。他们两个矛盾参商，表现在方方面面。

两个人性格不同，熊廷弼扎扎实实，脚踏实地，认真调研，为辽东防务做了很多很细的准备工作。王化贞则好说大话，吹牛皮，纸上谈兵，对收复失地，征伐努尔哈赤这样的天大事情轻描淡写。《明熹宗实录》记载："愿以六万人进战，一举荡平。"

两个人的观点不同。很明显，朝廷派出二位，是要稳定局势，不再丧失地盘，当时机成熟的时候，还要收复失地。可是在这种背景下，二人观点截然相反：熊廷弼主张守地，先做好准备，强大自己。对努尔哈赤，要立足长远，发展同朝鲜、蒙古之间的友好关系，对后金形成明、朝鲜、蒙古的包围之势，时机一旦成熟，再大举进攻。王化贞则主张立即出师，讨伐努尔哈赤，以扬天威。

按理，熊廷弼可以节制王化贞，加之他手中有尚方宝剑，可以代天行事。可王化贞后台很硬，辅臣叶向高和兵部尚书张鹤鸣都以他为知己，互为奥援。所以，王化贞往往自行其是，大小事都自己做主，不向熊廷弼请示，熊廷弼知晓其中的关系，也只有睁一只眼闭一只眼。

第二，将领叛变。这是最致命的事情了，这比努尔哈赤的谍工会更有杀伤力。

这恐怕是努尔哈赤的军事部署，为了拿下广宁，他不仅派出谍工，而且要从军队高层瓦解明军。于是，他们寻找目标，最终锁定在了广宁游击孙德功的身上。

孙德功贪财，向来首施两端，他看到李永芳投降努尔哈赤之后，过上了优裕豪华的生活，心生向往。于是，他与李永芳互通消息。广宁城的军力部署、军事设施、军事动态，李永芳通过孙德功一清二楚。

可悲的是，孙德功得到了王化贞的信任。当努尔哈赤围攻西平堡的时候，王化贞就采纳孙德功的建议，使明军被动挨打；当努尔哈赤围攻广宁的时候，王化贞又信任孙德功，令其带军阻击后金军。《熊襄愍公集》记载："孙德功等故意上前一冲，即卸去，因而各营俱起，以至大败。"这就很明显了，王化贞无才无德，用人不明，举措失当，是广宁失守的原因之一。相反，努尔哈赤则不断调整战略部署，利用"经抚不和"这个矛盾，抓住时机，迅速出击。努尔哈赤向来敬佩熊廷弼，他主政辽东军务一年多的时间，努尔哈赤一直不敢轻举妄动，他绝对不打无准备之仗。当他发现熊廷弼与王化贞不和，而且王化贞自行其是，不受经略节制时，便抓住这个宝贵时机，于天命七年（1622年）正月十八日，春节一过，统大军十万，征广宁。

先打外围，断掉羽翼。努尔哈赤在攻打广宁之前，了解到西平堡为广宁的羽翼，布有重兵。于是，努尔哈赤决定先打西平堡，如此一来广宁必然驰援，借此既可了解明军的反应能力，也可了解明军的军力布置，一举两得。

对明将用两手。努尔哈赤秉承一个原则：顺者以德服，逆者以兵临。在西平堡之战中，明将罗一贵骁勇善战，努尔哈赤想收服他。可是，罗一贵誓死不屈，大骂李永芳，努尔哈赤下令歼灭他。对于孙德功，投降了后金，努尔哈赤则委以重任。当他撤出广宁之时，便把广宁交给孙德功，由他来代天行政。

截然不同的态度、策略，结果不言而喻。

不过，同以往战争不同，攻打广宁这样的大城，双方会伤亡很大。广宁之战，对于努尔哈赤来讲，是不战而屈人之兵，他轻松地就得到了心中向往的广宁城。当时，他还有些不信。

正月二十二日，努尔哈赤还在距离广宁二百里之外的地方，王化贞就已经逃离广宁，广宁城不攻自破；二十四日，努尔哈赤还在距离广宁一百五十里的沙岭时，孙德功就前来迎接努尔哈赤。努尔哈赤有些怀疑，感觉太容易了。于是，他在广宁城外观察多时，认为千真万确，才徜徉进城。

这真的是一场奇怪的夺城之战。

五徙

清朝共有十二位帝王，都城有七个。七个都城中，有六个是努尔哈赤奠基的。努尔哈赤一生南征北战，攻城略地，当他攻下一座明朝城池的时候，并不占领它，有的要拆掉、毁坏，有的要掳走人口、牲畜、财富、金银等，这些要掳往哪里呢？努尔哈赤很明确，是他的都城，也就是他的驻地。

一　定

努尔哈赤的第一个都城是费阿拉城，位于今天新宾满族县永陵镇二道河子村南，是努尔哈赤起兵后第五年起建的都城。“费阿拉”为满语，意为“陈旧的山岗”。

费阿拉城肇建于万历十五年（1587 年），29 岁的努尔哈赤雄心勃勃，决定建筑一座城池，以之为根据地，发展壮大势力。这个最原始的都城是怎样的结构呢？《满洲实录》记载："筑城三层，启建楼台。"

城池的结构：费阿拉城的结构分为套城、外城和内城三层，内城中又设木栅，栅内是努尔哈赤的住所，有百余户，都是努尔哈赤的亲属；外城住着八旗贵族，有四百多户居民，是八旗兵丁。

城池的建造：城垣高三米；外城周长五公里，有四门；内城周长两公里，有四门。

修筑方式：从西门至南城墙，采用了人工土石垒筑。南城墙则随自然山脊沿南山而上，利用自然险峻的山体做山险墙。为了安全，又在山险墙上增加土石混筑墙，以增强防御功能。

这就是努尔哈赤第一次修定的都城——费阿拉城。他在这里"自中称王"：发号施令，组织出兵，军事讨伐，处理政务，等等，政权的雏形形成了。这个都城的修建，为努尔哈赤施展才华、保证他的人身安全、壮大他的军事力量等诸多方面，都起到了重要作用。

这个都城，努尔哈赤使用了十六个年头。从万历十五年（1587 年）启建，到万历三十一年（1603 年）首次迁都。在这十六年的宝贵时间里，努尔哈赤从而立之年到不惑之年，在这儿绘就了波澜壮阔的历史画卷。

发生在这里的可圈可点的重大事件有：

万历二十年（1592 年），努尔哈赤三十四岁，十月，第八子皇太极出生，生母为孟古姐姐叶赫那拉氏。

万历二十一年（1593 年），努尔哈赤三十五岁，九月，叶赫等九部来犯，在古勒山大败联军，名声大振。

万历二十三年（1595 年），努尔哈赤三十七岁，以"守边有功"，被明朝敕封为"龙虎将军"，官品晋升为二品。

万历二十七年（1599 年），努尔哈赤四十一岁，二月，命额尔德尼和噶盖创制满文，并充当导师，进行指导。

万历二十九年（1601 年），努尔哈赤四十三岁，正月，灭掉哈达，开启了征伐扈伦四部的序幕。

一 徙

万历三十一年（1603 年）正月，努尔哈赤第一次迁徙都城，至赫图阿拉城。

《清太祖实录》记载："上自虎拦哈达南岗，移于祖居苏克苏浒河，加哈河之间赫图阿拉地，筑城居之。""赫图阿拉"是满语，汉意为横岗，即平顶山岗。这里曾经是努尔哈赤的五世祖董山与叔父凡察的驻地，也是建州卫所在地，努尔哈赤曾在此居住。万历十五年（1587 年），努尔哈赤迁往费阿拉城，一住就是十六年，直到万历三十一年（1603 年），他迁徙赫图阿拉，等于是重归故里。

赫图阿拉城依势筑于一条东西走向的山岗之上，峭壁峥嵘，三面环水，易守难攻。城内地势南高北低，四周筑有高高的城垣。赫图阿拉分为内、外两城，占地总面积一百五十多万平方米。外城周长九华里，东西南北共有九个门，其中南三门、北三门、东二门、西一门。内城周长五华里，东西长五百多米，南北宽五百一十二米，占地二十多万平方米；有南、北、东三个门，城墙高九尺，用土、木、石混合构筑。内城居住着努尔哈赤家族，建有汗宫大衙门、八旗衙门、关帝庙、城隍庙、启运书院、文庙等，汗宫大衙门呈八角形，俗称"金銮殿"。外城居住着满族八旗兵卒，建有点将台、校场、仓廪区；城外居住着各种工匠，居民最多时达到两万余户。

在这里，努尔哈赤从万历三十一年（1603 年）迁入，到万历四十七年

（1619 年）六月前往界凡，整整驻扎十六年。十六年里，努尔哈赤在赫图阿拉城运筹帷幄，胸怀天下，策划了很多惊天动地的大事件。

万历三十五年（1607 年），努尔哈赤四十九岁，与乌拉大战于乌碣岩，取得大捷。是年九月，努尔哈赤率军攻打辉发城，灭掉了辉发部。

万历四十一年（1613 年），努尔哈赤五十五岁，正月统兵征乌拉，灭之，贝勒布占泰逃往叶赫部。

万历四十三年（1615 年），努尔哈赤五十七岁，确定军政合一的八旗制度，军事建制规范化。

万历四十四年（1616 年），努尔哈赤五十八岁，在赫图阿拉称汗，建立后金，是为天命元年。

天命三年（1618 年），努尔哈赤六十岁，四月十二日，颁布《兵法之书》，次日发布“七大恨”誓师伐明。

天命四年（1619 年），努尔哈赤六十一岁，三月，明军四路来犯，努尔哈赤在萨尔浒大破明军，取得“萨尔浒大捷”。

“双徙”临门

努尔哈赤在赫图阿拉城驻扎了十六年，于万历四十七年（1619 年），获得萨尔浒大捷，努尔哈赤的事业进入了一个崭新的发展阶段，在军事驻扎上，他有了新的想法。这年六月，努尔哈赤亲率大军征伐开原，凯旋后，他做出了一个决定：迁都界凡城。

《建州闻见录》记载：“者片城在两水间，极险阻。”“者片”就是界凡。所以，努尔哈赤迁都界凡，主要的原因是地势险峻。界凡城，建于铁背山上，树木浓密、怪石嶙峋、三面临水、一面连山，地理位置极为险要，易

守难攻。为了防备敌人进攻，努尔哈赤需要这样的地势。

所以，在开原大捷之后，后金军准备回师赫图阿拉，努尔哈赤却另有打算，他和诸王大臣之间进行了一番讨论。

努尔哈赤："我们就不回赫图阿拉了，都城迁往界凡如何？"

诸王大臣："我们不如回首都，那里水草丰美，兵强马壮，对我们有利。"

努尔哈赤："你们不懂。行军往返，赫图阿拉比界凡更加浪费时间；我们如迁都界凡，出兵迅速，节省时间，到八月，我们又可以出师伐明了。"

这样，努尔哈赤说服了诸王大臣，顺利徙往界凡城。

铁背山海拔两百八十多米，城循山势筑成，墙环绕山脊，总周长四千六百多米，面积约六万三千平方米。山城北面是陡立绝壁，南为陡坡。城墙距地表的高度皆在四十米以上，最高可达百米。筑城利用山脊各段地势，筑成西卫城、内城、东卫城，各自独立又互相关联。西卫城位于铁背山西端，南可控制苏子河口，西可俯视浑河河谷。城址平面呈方形，设南门，宽一米；城墙土筑，周长三百二十五米，高两米，宽一米多。内城位于铁背山中段，在险狭的山脊上筑成，城墙周长为两千五百多米。北墙峭壁绝崖，长一千二百多米，做成峭壁墙；南墙长一千三百多米，做成石坡墙。努尔哈赤的行宫就在这里。东卫城在内城之东，北部、东部为石坡墙，南部为土石墙。东卫城设四门，北门邻近内城，另有三门，自东而西依次称为南东门、南中门、南西门。

努尔哈赤在界凡城驻扎一年三个月，时间虽然短促，却发生了很多大事件：智取铁岭，擒拿喀尔喀贝勒介赛，灭掉叶赫部。尤其是出兵灭掉叶赫部，扈伦四部尽归后金，这对努尔哈赤来说，意义非凡。

万历四十八年（1620年）九月，努尔哈赤再迁都城，至萨尔浒城。

萨尔浒城在今辽宁抚顺东浑河南岸，位于界凡城西约十里。"萨尔浒”，满语，汉意为“木橱”，意思是树木繁茂。萨尔浒山峰峦叠嶂、溪谷纵横，形势险要。万历四十七年（1619 年），努尔哈赤在此大败明兵，获得萨尔浒大捷。

萨尔浒城在萨尔浒山北半部，海拔一百九十多米。城墙周长四千二百多米，分为北墙、东墙、南墙。萨尔浒城共五个城门：北门、西门、南门、东门；另有便门在南门西侧。城外有护城壕三个：北壕，位于北门东侧；东壕，位于东门南侧；南壕，在东壕之南，以保护内城的安全。内城位于山城西部，是地势最高的地方，一条南北纵贯的山脊把山城分为内、外城。内城平面略近菱形，南北纵置；内城有南北二门，努尔哈赤就住在内城中。

努尔哈赤在萨尔浒城住的时间更加短暂，从天命五年（1620 年）九月迁进，到天命六年（1621 年）四月迁出，只有半年的时间。其间，努尔哈赤做了两件震惊明朝的大事件，这就是后金一鼓作气，接连攻下沈阳和辽阳。

努尔哈赤在短短的两年之内，两次迁徙都城，世所罕见。

“徙”上加“徙”

努尔哈赤对于都城是一迁再迁，已经让王公贝勒感到了不悦。但这并没有结束，接下来，努尔哈赤开始了不间断的迁徙。

在萨尔浒驻扎半年后，努尔哈赤决定迁都辽阳城。

辽阳位于辽宁省中部，古称襄平、辽东城，是东北地区最早的城市，是一座有着两千多年历史的文化古城。从公元前 3 世纪到公元 17 世纪前期，一直是中国东北地区的政治、经济、文化中心、交通枢纽和军事重镇。天命六年（1621 年）三月，努尔哈赤亲率八旗军，经过三天三夜的激

战，占领了辽阳城。

那个时候，辽阳是整个辽东最大的城市，又是明朝辽东巡抚的驻地，明朝在关外的政治、经济、文化、军事中心。自然，努尔哈赤看中了这座城市，他想迁都于此。

《清太祖实录》记载：“天既眷我，授以辽阳，今将移居此城。”努尔哈赤讲得如此轻松，要从萨尔浒城“移居”到辽阳城，故意淡化迁都这个严肃的话题。可是，尽管如此，王公贝勒还是嗅出了味道，与努尔哈赤进行了一番对话。

努尔哈赤道：“我们占领了辽阳，我想就此移居到这里。大家有什么意见？”

王公贝勒道：“我们还是回到萨尔浒去，那里地势险要，易守难攻，不要在这里。”

努尔哈赤道：“我们刚刚占领辽阳，如果撤出去，敌人会马上占领这里。到时候，我们还要发大军征讨。你们说是不是呢？”

王公贝勒道：“是。”

努尔哈赤接着道：“这个地方不仅位置重要，而且是联络蒙古、朝鲜的要害之地，我们一定不要放弃，否则，就逆天意了。”

王公贝勒再也无话可说，只好赞同努尔哈赤迁都辽阳。这样，努尔哈赤及其眷属们进入辽阳城的大衙门，正式迁都于此。可是，谁都没想到，仅仅驻扎了一年的时间，到第二年的三月份，努尔哈赤又提出了建设新城的要求。他再次集合王公贝勒，商讨这件事。

努尔哈赤道：“大家看看，我们搬进的辽阳城破败不堪，好多建筑都已经坍塌了，非常有伤尊严。”

王公贝勒道：“那我们何不返回萨尔浒去？”

努尔哈赤道：“不可以，这里是控制蒙古和朝鲜最好的位置，绝对不能舍弃。”

王公贝勒反驳道：“可是，如果营建新城，劳民伤财，必然遭到民怨啊。”

努尔哈赤立即进行了回击，似乎早有准备。《清太祖实录》记载：“朕欲令降附之民筑城，而庐舍各自营建！”

听了努尔哈赤的这段话，大家无话可说。于是，按照他的计划，在辽阳城东的太子河畔，兴建宫殿、坛庙、城池、衙署，这就是东京城。

东京城在辽阳城东八里许，周城长达六里余，城高三丈五尺。城池东西长二百八十丈，南北长二百六十二丈。城门有八个：迎阳门、韶阳门、龙源门、大顺门、大辽门、显德门、怀远门、安远门。

努尔哈赤如期迁入东京城，如愿以偿。

可是，四年后，“不安分”的努尔哈赤又提出了迁都的要求。辽阳最大，辽阳是东北的中心城市，为什么又要迁都？这次要迁往哪里呢？他要把都城从辽阳迁往沈阳。

按照资料记载，沈阳城只是辽阳城的一半大，之前的明朝行政机构，并没有关注到沈阳城。为此，王公大臣再也忍不住了，一定要与老汗王据理力争。

《清太祖实录》记载：“今欲迁移，恐食用不足，力役繁兴，民不堪苦矣。”王公大臣的这番话，说出了朝野的心声，也反映了老百姓的呼声，非常有力度，针对性很强。努尔哈赤会怎样应对呢？要知道，凡是老汗王决定的事情，无论多难，都要执行。

果然，努尔哈赤力排众议，简明扼要地说出了沈阳的区位优势：

陆路交通发达。他说，沈阳四通八达，西征明朝，北征蒙古，南征朝鲜，三者距离沈阳路途最近，而且顺畅无比。

水路发达。他说，沈阳的浑河与苏克素浒河相通，水道通达，军事上优势地位明显。

物产丰饶。他说，沈阳有山有河，山中可以打猎；水中可以打鱼，物产丰美，这是物质基础。

列举了这么多理由，努尔哈赤看了看王公百官，生气地说："沈阳城具备这么好的区位优势，我是经过深思熟虑才提出来的，你们为什么不同意迁都沈阳呢？！"

就这样，努尔哈赤一锤定音：迁都沈阳。说走就走，天命十年（1626年）三月初三，他出东京城，住在虎皮驿；初四，到达沈阳城。

努尔哈赤进入沈阳后，没有立即着手修建宫殿，仅在城内选择合适地方，建设一个简单的临时"宫殿"，随后，他又开始了对明朝新的征伐。

努尔哈赤以战略家的眼光，一定都城，五次迁徙，可谓高瞻远瞩。

毫无疑问，努尔哈赤起兵40余年，攻城略地，阅历无数，谁人能敌？扈伦、明朝、蒙古、朝鲜无不闻之丧胆。他也颇自负，痛快地接受了“常胜将军”的美誉。这对于一生戎马生涯的努尔哈赤来说，是最大的褒奖。可是，天命十一年（1626年），一场不经意的战争，却让他意外地折戟沉沙，使他百思不解，让他死不瞑目。

五年之痒

有一段时间，努尔哈赤很郁闷。没有让他开心的事情，从天命七年（1622年）正月占领西平、广宁之后，到天命十年（1625年），之间长达4年的时间里面，努尔哈赤就没有取得大规模的战争胜利，心中总有一种惆怅的感觉。

相反，这四年的时间里，却有很多烦心的消息，不断传入他的耳中。

出生入死的开国元勋相继去世。天命七年（1622年）七月，一等大臣安费扬古去世；天命八年（1623年）十月，一等大臣扈尔汉去世；天命九年（1624年）八月，一等大臣何和礼去世。这些大臣，不仅是他的将领，更是他的知音。接连的噩耗，让努尔哈赤心力交瘁，老泪纵横。

汉民不断起义，反对后金的统治。努尔哈赤对征服区域的汉民实行残酷的民族压迫政策：迁徙、剃发、搜粮、欺男霸女等，大批汉民不堪忍受，或逃亡，或起义，或投毒满人。天命八年（1623年）的六月、七月，就连续发生了复州汉民起义和岫岩汉民起义，规模大，影响大，他不得不派出大兵镇压。可是，于事无补，起义此起彼伏，让他非常头疼。

边事不断。最让努尔哈赤头疼的边事有两个，一个是毛文龙。这个人在辽东与朝鲜之间不断活动，搅扰后金的安宁，像个跳蚤一样，拿他没有办法。一个是蒙古林丹汗，他反复无常，野心膨胀。一会儿骚扰后金，一会儿又示好明朝，总是与努尔哈赤为敌。

努尔哈赤是个胸怀天下之人，他想摆脱困境，进攻明朝。可是，时机成熟吗？他进行了一番推理：如今的明朝，局面与天命五年（1618年）时的形势相同，糜烂不堪，辽东局势震荡，可以乘虚出兵。

努尔哈赤的这个推理正确吗？五年前的明朝和辽东是一种什么局面呢？

天命四年（1617年）六月，由于辽东经略杨镐指挥无方，明四路讨伐努尔哈赤的大军溃败，朝廷撤掉杨镐，改换熊廷弼为辽东经略。熊廷弼的上任，让努尔哈赤惊诧不已，他很快明确这个人是自己的克星，是后金的克星。

屈指算来，熊廷弼在任的时间是一年三个月。其间，他秣马厉兵，全面整顿腐败不堪的辽东明军，辽东军政焕然一新。

《熊襄愍公集》记载："去者归，散者聚，嬉嬉然室家相乐也。商贾逃难回籍者，今且捆载麇至，塞巷填衢，不减五都之市也。”这就是熊廷弼的成绩，让谋略满腹的军事家努尔哈赤无可奈何，不敢轻举妄动。可是，谁曾想明朝自毁长城，罢免了大有作为的熊廷弼。明朝皇帝更迭，党争不断，熊廷弼遭到了弹劾，尽管他五次上疏自辩，天命五年（1918 年）九月，仍然被罢斥。辽东经略易人，天命五年十月，不懂军务的袁应泰走马上任。他妄自尊大，改弦更张，使熊廷弼部署的很多人事、军备重归于旧态，辽东局面再度危机。

于是，努尔哈赤乘虚而入，他善于捕捉时机的眼睛非常敏感地找到了进攻明朝的契机。天命六年（1619 年）三月，努尔哈赤率大军连克沈阳、辽阳，军威大振。

这就是努尔哈赤认定的辽东历史。历史发展到天命十一年（1626 年），努尔哈赤沉默了五年，也抑郁了五年。突然，他看到了缝隙，可以再次乘虚而入，已经 68 岁的他甚至要跳起来：“天赐良机，可发大兵征讨！”

轮　回

努尔哈赤看到历史出现了惊人相似的一幕，他有点儿不相信自己的眼睛：这是真的吗？

曾几何时，明朝派出了一位熊廷弼似的大员经略辽东，这个人就是明朝兵部尚书、东阁大学士孙承宗。

天命七年（1620 年）八月，孙承宗不满辽东经略王在晋的消极防御政策，自请督师，持尚方宝剑，亲赴关外，主持辽东军政。

孙承宗较之熊廷弼，可谓位高权重，更能定大事。他雷厉风行地开始了辽东重整旗鼓的系列动作：整肃军纪，提高士气；高垒坚台，防敌破城；

打制兵器，制敌取胜；等等，颓靡不振的辽东局势为之一振。《督师纪略》记载："层层布置，节节安排，边亭有相望之旌旗，岛屿有相连之舸舰；分合俱备，水路兼施。"不仅如此，孙承宗启用了年轻有为的袁崇焕，修建宁远坚城，铸造抵御后金的二百里防线。

洞察时局的努尔哈赤看在眼里，束手无策，他知道，一旦贸然出兵，必会遭到惨败。于是，他焦急地等待时机，并祈祷上苍，赐予他五年前的良机。可是，那个良机，是朝廷出现了党争，罢免了熊廷弼，努尔哈赤才乘虚而入。今天的历史会重演吗?

历史果然轮回了。孙承宗遭到朝廷的罢斥!

孙承宗很不幸，遭到阉党分子群起力攻。阉党魁首魏忠贤与东林党展开了殊死搏斗，杨涟、赵南星、左光斗等或被罢免，或遭入狱；孙承宗欲力挽狂澜，急忙入关，准备面见皇帝，挽救危局。《高阳集》记载："将以某清君侧。"

可是，魏忠贤施展诡计，先入为主，绕天启帝御床痛哭流涕，蛊惑皇帝做出了错误的决策。然后，阉党挟天子以令诸侯，矫诏阻止孙承宗入朝见帝。孙承宗悻悻而归。

恰巧，这个时候发生了一件不利于孙承宗的事件。

天命十年（1623年）九月，汉民策划谋杀皇太极。当时，皇太极住在耀州城，守兵只有三百人。消息报到总兵马世龙处，马世龙为了贪功，便私自做主，安排部署这个刺杀行动：一路兵马向柳河上游进兵，一路兵马向柳河下游进兵，形成对耀州的包围之势，然后一举歼灭。

可是，当明军趁着夜色进入耀州城的时候，金兵早有防备，设下伏兵，严阵以待。结果明军死亡四百多人，前锋副将鲁之甲、参将李承先战殁。

这就是发生在辽地的"柳河事件"。事件不大，明军损失也不大，不过是一次小小的失利而已。可是，阉党大造声势，他们以此为据，说孙承宗的部队靠不住，不堪一击，关东守不住了。一时之间，朝野议论纷纷，群情激奋。

这样，孙承宗内外交困，再也顶不住压力，不得不上疏辞职。皇帝批准了孙承宗的辞呈，将其罢归乡里。

孙承宗罢斥后，朝廷以兵部尚书高第经略辽东。努尔哈赤得此消息，大喜道："天赐良机，历史真的轮回了。"他立刻决定，择日出兵征伐。

幻　觉

努尔哈赤与明朝的军事交锋，使他得出了结论，明朝是纸老虎，早晚有一天，他会率师各个击破，底定天下。早在天命七年（1620 年）四月，后金就发布文书，提到"北京应由女真与汉人轮换居住"。这究竟为势在必行的目标，还是不切实际的幻觉呢？

经过发展，努尔哈赤看到，明朝在关外已经不堪一击了。

天命十年（1623 年）底，新任辽东经略高第一反孙承宗的治辽策略，主张放弃关外，全线撤退。他下令总兵马世龙尽撤锦州、右屯、大凌河、小凌河、松山、杏山、塔山等城兵马和武器装备。然后，所有军民撤退到关内，并毁掉这些城堡。

高第的这些做法，等于毁掉了孙承宗四年治辽的全部心血，等于放弃了明朝在关外的领土，是地道的逃跑主义。不管怎么样，高第的命令执行了，堡垒被毁，军民举城内徙，道路为之阻，哭声震野。

努尔哈赤得到了报告，结论中除了脱口而出的"自毁长城"之外，再也没有其他可形容的贴切词语。不过，努尔哈赤对于大举出兵还是非常谨慎的。究竟该怎么做，还是要集思广益。于是，他传谕，令额驸李永芳觐见。

李永芳虽为降将，为汉人所不齿，又为满将所斥。但是，他对努尔哈赤颇忠诚，颇有见地。尤其对明朝在关外的军事部署了如指掌，与其商议，可否即刻出兵，再合适不过了。

李永芳听了努尔哈赤的问询，受宠若惊，道："汗王可即日出兵，我军所至，敌军望风披靡，天下即可底定！"接着，李永芳献策，攻下宁远城。努尔哈赤问道："这个宁远城能攻下来吗？"李永芳立即回答："攻无不克。"

努尔哈赤听了李永芳的一席话，非常受用。接下来，随李永芳前来的汉官们给他献策，攻下宁远城，之后攻下山海关，再然后，从一片石处入关，直达通州，抢夺那里的谷物粮食，最后，打进北京城，把明朝皇帝的宝物尽纳其中。努尔哈赤听着，频频点头。

可是，努尔哈赤的谍工早就给了他一个信息，明将都撤回了关内，唯有一人不撤，这个人就是袁崇焕。努尔哈赤很奇怪，问道："袁崇焕为什么不撤，难道他不怕吗？"

资料记载，镇守宁远的袁崇焕并非简单人物，他敢于驳斥辽东经略高第，拒绝执行高第的撤退命令。袁崇焕放出话："独卧孤城以当虏耳！"他要与宁远共存亡，一副视死如归的样子。

努尔哈赤不得不小心了，袁崇焕是不是一个亡命徒呢？于是，他命人取来袁崇焕的履历，细细研究。努尔哈赤研究之后，得出了两个结论：

第一，他是一个稚子。袁崇焕生于万历十二年（1584 年），那个时候，努尔哈赤已经二十六岁，已于此前一年凭"十三副遗甲"起兵。万历四十七年（1619 年）袁崇焕中进士，开始出道，不过，这个时候，努尔哈赤已经黄衣称朕，历经百战了。

第二，好吹大话。他了解到，袁崇焕小的时候就好谈兵法，关注辽事；

喜欢舞枪弄棒；胆子大，尤其好说大话。

《明史》记载：“予我军马钱谷，我一人足守此。”努尔哈赤认为，袁崇焕如此小看辽事，纯粹是不了解情况，好吹大话，纸上谈兵之徒而已。

于是，努尔哈赤的幻觉出现了，袁崇焕不足畏，择日发大军，讨伐宁远城。

对话“稚子”

天命十一年（1624年）正月十四日，努尔哈赤亲统大军十三万，号称二十万，征伐宁远。这支队伍实在是太大了，旌旗蔽日，剑戟如林，队伍像游龙一样，首尾不见。

努尔哈赤骑在高头大马上，边走边思考，这个袁崇焕究竟是怎样一个人呢？他在脑海中不断闪现，又不断否定。

这是一场不平等的战争和较量。努尔哈赤大军压境，袁崇焕仅有守城军士两万人，是一次真正的强凌弱，众暴寡。努尔哈赤迫切地希望，像以往那样速战速决，他盘算着，或许当日即可攻下宁远，再开始下一步计划：攻山海关，破关进入内地。

开始，努尔哈赤想给袁崇焕一个机会，给这个胆大、神秘的“稚子”一个生存下来的机会。于是，两个有代沟的人开始了第一次对话。这次对话围绕一个话题，那就是劝降袁崇焕。袁崇焕端坐大堂，威严凛凛，接待了努尔哈赤的劝降使者。

使者：“大汗传旨：‘我国二十万大军已经兵临城下，劝你们早早投降，免遭战火的侵袭。’”

袁崇焕：“你们大汗为什么要加兵宁远呢？宁远和锦州是你们的废弃之

地，我们今天恢复它，怎么能随意投降呢？我们要誓与宁远共存亡！”说完，袁崇焕怒目而视，仗剑而立。《清太祖实录》记载：“义当死守，岂有降理！”袁崇焕同时质疑努尔哈赤的军队数量，认为只有十三万，绝没有二十万大军，虚张声势而已。

努尔哈赤没想到，第一次与这个“稚子”对话，就是这么个结果：“太为狂妄，大军准备攻城！”于是，一场惨烈的宁远保卫战拉开了序幕。

努尔哈赤没想到，围攻小小宁远孤城，居然是个前所未有的攻坚战，足足持续了三天时间。

二十四日，第一天攻城。

先是，弓箭手对射，箭头如雨。接着，双方各使本领：八旗军出动战车攻城，另派“铁头子”军冒死凿城，企图凿透城墙。宁远守军一面用浇油的棉花、柴火、硝磺投掷到八旗军的战车上，一面发射“红衣大炮”，一时之间万炮齐发，火光冲天。双方激战，各有伤亡。不过，这次伤亡最大的是后金。《明熹宗实录》记载：“炮毙一大头目，用红布包裹，众贼抬去，放声大哭。”

这个大头目是不是努尔哈赤呢，目前尚有争议。不过，这场攻坚战打得时间很长，从早上打到晚上，喊杀声不断，炮声不断，火光冲天，死尸堆积如山。

努尔哈赤或许被炮火击中，虽然不下火线，但他没想到的事情发生了：袁崇焕居然主动与之对话，他派人送来了书信。努尔哈赤命人展开来看。

《春坡堂日月路》记载：“老将横行天下久矣，今日见败于小子，岂其数耶？”努尔哈赤听罢，不禁大怒。但是，他负伤在身，还是平静下来。是啊，袁崇焕说得对，自己一生久经沙场，从未败过。今日，真的算是败给这个“稚子”了吗？努尔哈赤不会服输，他下令：选一匹宝马，作为回礼，明日再战。

二十五日，第二天攻城。

这次八旗军以更强大的阵容进攻东门。袁崇焕下令向城下投掷被褥，八旗兵不知何物，纷纷抢夺，结果这些被褥中藏有炸药、硫黄等物，相继爆炸，八旗兵伤亡惨重。攻城又告失败。

二十六日，第三天围城。这天，努尔哈赤没有下令攻城，而是转攻袁崇焕的粮草库——觉华岛，八旗军踏冰入岛，一路斩杀，一时之间，觉华岛上的明军、商民全部被歼。

这天下午，努尔哈赤下令大军撤出宁远。回城的路上，努尔哈赤想着与袁崇焕的两次对话，忍受着炮伤的痛苦，一个结论闪过心头：宁远之战失败了，是后金的失败。

因　果

努尔哈赤宁远大败，败得如此惨烈，是他意料之外的事情。那么，努尔哈赤是如何认识这次失败的呢？

首先是总结。他说："我 25 岁就起兵了，之后战无不胜，攻无不克。"这个总结千真万确，努尔哈赤参与的战斗数以百计，真是战无不胜。这也是努尔哈赤的过人之处，他凭借智慧，夺得了每场战争的胜利。

其次是愤恨。努尔哈赤每每想到宁远之败，都会咬牙切齿。他憎恨袁崇焕，憎恨宁远，甚至于憎恨鼓动他出兵宁远的李永芳。

努尔哈赤没有找到宁远战败的真正内因，或许，以他的聪睿，知道内因，但出于颜面而不肯说出来。

实际上，宁远战败并非偶然。后金与大明之间的战争并非一定是后金胜利，明军失败。努尔哈赤的额头上并没有贴上"常胜将军"的标签，这

次失败应该在情理之中，原因是多方面的：

第一，轻视。努尔哈赤发兵前，虽然征求了李永芳的意见，做了一些调研，但是，对于宁远，他还是很轻视的。轻视明军没有战斗力，轻视袁崇焕的“稚子”经历。骄兵必败。

第二，装备陈旧。八旗兵装备落后，不肯更新武器，主要是信息相对闭塞，没有接触先进武器的设计和制造。相反，袁崇焕则使用了葡萄牙先进的红衣大炮，火力凶猛，杀伤力强。

第三，士气怠惰。三年来，后金没有经过大的战事，也不练兵，官兵上下漫不经心，较之以前军纪非常涣散。

第四，谍工失利。努尔哈赤之所以战无不胜，攻无不克，最大的技巧就是“最擅谍工”，大军未至，谍工就已经先行进入，对城内的军力部署、武器装备刺探清楚，报告给努尔哈赤，以便决策；同时，攻城的时候，谍工与策反人员里应外合，内外夹击，攻无不克。可是，这次袁崇焕早就下令，派出专人全城搜查奸细，地毯式排查，使得宁远城中绝无一个奸细。努尔哈赤对宁远城的红衣大炮一无所知，谍工的作用未能发挥出来。这便是努尔哈赤宁远惨败的基本原因。

《满文老档》记载：“汗自得广宁以来，马步之兵三年不战，兵主怠惰，兵无战心。又车、梯、楯脆弱，器械不锐。汗轻视宁远，天累汗也。”这段记述准确地揭露出努尔哈赤宁远之败的真正原因，客观、全面。

努尔哈赤宁远惨败，不仅深深刺激了后金的朝野上下，对当时的政局发展也产生了深远的影响。

打破了一个神话，那就是后金军战无不胜的神话。从建州女真的统一，到扈伦四部的吞并；从古勒山之战，到萨尔浒大战；从智取开原、铁岭，到攻克沈阳、辽阳，努尔哈赤身经百战，场场大捷，因而被人誉为“常胜将军”。四十多年了，没有谁敢于打破这个神话。可是，宁远惨败，努尔哈赤输在了一个没有战争经验的“稚子”袁崇焕手里，这个神话便被打破了。

改变了政治格局。宁远战前，明朝对于后金可谓“谈虎色变”，不仅辽东汉民纷纷逃亡，就是京师也多次戒严，富家之户则争相逃往南方避难。周边的蒙古和朝鲜也是噤若寒蝉，都纷纷示好努尔哈赤，免遭征伐之苦。可是，宁远大败，明朝、蒙古、朝鲜都改变了对后金的态度。朝鲜国王非常高兴地表示要坚定地站在大明一边，支持明朝讨伐后金。蒙古则表现出超乎寻常的态度，这一态度让努尔哈赤无法接受。

《清太宗实录》记载:“喀尔喀妄料我军尽殁，专意助明，移师相逼。”为此，努尔哈赤便在病情稍稍好转之后，出兵征伐。经过半个多月的征讨，喀尔喀巴林部向后金投降。

还有一个最明显的结果，就是努尔哈赤抑郁而终。尽管后金兵不断出击，征伐不驯服的喀尔喀蒙古，取得了一个个胜利；但是，宁远战败的阴影总萦绕在努尔哈赤的心里，挥之不去。所谓哀莫大于心死，努尔哈赤悲哀极了，沮丧极了。他开始反思，自己是不是做错了什么，他开始思考接班人，究竟谁最合适，可以接替自己。

努尔哈赤病情加重了，七月二十三日，“疽病发作”，去清河温泉疗养。八月初一，他让阿敏拜堂子，为自己祈祷，病情居然有所好转。于是，他决定返回沈阳。他们乘船由太子河而下，不料病情恶化，急传大妃前往迎接，两人在离沈阳四十里的叆鸡堡相遇，八月十一日，努尔哈赤病逝，享年 68 岁。

努尔哈赤死了，距离七十岁的古稀之龄只差两岁，尤其是他的功业，一辈子打仗，四十多年的征伐，从没失手过，却在小城宁远意外战败，导致负伤身殁。所有这一切，无论对于后金，还是对于努尔哈赤本人来讲，都可谓“功亏一篑”。

第六章 伤情

努尔哈赤作为一个驰骋疆场的大英雄，也有细腻的情感，也会有柔情似水的时刻。无论成群的汗王宫妻妾，还是绕身哄闹的几十个儿女，都让这个大英雄情感迸发。可是，管窥老汗王的情感深处，却发生过无数次的爱恨情仇，让他时而兴奋，时而又无限情伤。

恨红颜

万历五年（1577 年），19 岁的努尔哈赤分家单过，这应该是他婚姻的开始。第二年，他的长女东果格格出生。此后，努尔哈赤先后娶进十几位女人，其中，有几个女人，曾经让老汗王恼怒、羞愧、无地自容，颇觉红颜可恨。

“天鹅”飞

努尔哈赤纵横驰骋，没有做不到的事情。可是，就有一个女人，他足足等了二十年，却等到花儿都谢了，也没到手。这个女人，就是著名的“叶赫老女”。

近年来，大家都管叶赫老女叫“东哥”。实际上，档案中并没有这个名字，是一部电视剧《太祖秘史》把叶赫老女演绎为“东哥”，这里不妨借用这个好听的名字。

东哥出生在万历十年（1582年），这一年，努尔哈赤已经二十四岁了，再过一年，努尔哈赤以“十三副遗甲”愤然起兵。东哥出生在叶赫部，父亲是叶赫贝勒布寨。非常神奇的是，东哥出生的时候，叶赫部的一个大巫师看后预言：“此女可兴天下，可亡天下。”当她长大成人之后，又有了一个响亮的称号“女真第一美女”。按照英雄爱美人的逻辑，东哥一定会成为众多男人追求的目标。

努尔哈赤也不例外，他同样仰慕第一美女东哥。机会来了，万历二十五年（1597年），古勒山大战之后四年，叶赫部主动向建州修好，为了表示诚心，答应将亭亭玉立的大美女东哥嫁与努尔哈赤，择期将隆重护送东哥过门。

可是，努尔哈赤没想到的事情发生了：东哥坚决拒绝嫁给这个男人。她斩钉截铁地对哥哥布扬古说：“努尔哈赤是我们的杀父仇人，我不但不会嫁给他，将来我出嫁还要有一个条件：谁能够杀死努尔哈赤，我就嫁给谁！”

原来，在万历二十一年（1593年）的古勒山大战中，东哥的父亲布寨贝勒阵亡，尸体被努尔哈赤截留在建州。后来，叶赫向努尔哈赤索要布寨贝勒的尸体，努尔哈赤将布寨的尸体一劈两半，一半留在建州，一半还给叶赫部。从此，东哥和叶赫就与努尔哈赤结下了深仇大恨。现在，努尔哈赤要娶布寨的女儿，常人看来，那就是癞蛤蟆想吃天鹅肉了。

不过，努尔哈赤并不知道东哥要杀掉他的消息。心里还是一直惦记着这个小天鹅。直到后来，发生了一系列让人大吃一惊的事情，努尔哈赤才知道这个东哥绝非简单人物，让他又爱、又怕、又恨。

爱的是东哥的美和名气，既然是“第一美女”，自然君子梦寐以求。

怕，是怎么回事呢？努尔哈赤怕过谁呢？努尔哈赤怕东哥，其来有自。《满文老档》记载：“此女之生，非同一般者，乃为亡国而生矣。以此女故，哈达国灭，辉发国亡，乌拉国亦因此女而覆亡。”

这个资料的记载是真的吗？前文有述，果然如此：东哥欲嫁哈达国贝勒歹商，歹商遭到伏击身亡；欲嫁哈达部首领孟格布禄，哈达部被灭掉，孟格布禄被杀；欲嫁辉发部首领拜音达里，结果人死国灭；欲嫁乌拉部首领布占泰，乌拉部被灭掉，布占泰逃亡，不久身死异国。

这样看来，东哥简直就是一个丧门星，谁娶她，谁就会身死国灭。这样的女人，努尔哈赤能不害怕吗？如果东哥给他的国家带来灾难，那就得不偿失了。

恨，努尔哈赤憎恨东哥，是因为这个女人在万历三十三年（1605 年），她 33 岁的时候，居然嫁给了自己的仇人喀尔喀部贝勒之子莽古尔岱。为此，努尔哈赤的将士们义愤填膺，纷纷要求努尔哈赤起兵，夺回这个“叶赫老女”，不然就太没有面子了。努尔哈赤也觉得有失颜面；不过，他还是强忍愤怒，没有为此而出兵攻伐。

一年后，东哥死了，努尔哈赤还是忍不住心中的恨，决定起兵伐明，他在公布的“七大恨”中，第四恨这样写道：“明越境以兵助叶赫，俾我已聘之女，改适蒙古，此恨四也！”

可是，谁都清楚，不管努尔哈赤如何恨她都无济于事，东哥在出嫁之后的第二年就去世了，像白天鹅一样，飞到天上去了。

红杏出墙

努尔哈赤的后宫中，有一个女人让他恨之入骨，这个女人就是大妃阿巴亥。堂堂大汗，为什么要对自己的大妃恨之入骨呢？原来，这个阿巴亥干了一件很丢人的事情，那就是红杏出墙。

先介绍一下阿巴亥。这个女人不简单。首先是出身，她出生在乌拉部的贵族家庭里，父亲是乌拉部的贝勒满泰，叔父是贝勒布占泰。其次是非常精明，她进入汗王宫后仅仅两年就脱颖而出，力压群芳，成为汗王宫的女主人——大妃。再次是生育，阿巴亥的肚子很争气，为努尔哈赤生育了三个王子：十二子阿济格、十四子多尔衮、十五子多铎。生育这么多皇子，在那个年代是最争脸的事情了。

言归正传。谁这么大胆子，敢在太岁头上动土呢？努尔哈赤又是如何发现的呢？人们一头雾水。

举报人是努尔哈赤的小福晋代音察。天命五年（1618 年）三月的一天，努尔哈赤接到代音察的举报："老汗王，大妃阿巴亥与人偷情！"

努尔哈赤惊讶道："什么？不可能吧？你是嫉妒大妃得宠，故意污蔑她吧？"

代音察："汗王，我怎么敢呢？大妃曾经两次为大贝勒准备饭食，大贝勒都吃了。"

努尔哈赤笑道："这算什么，母亲为儿子准备吃的，儿子吃了，这有问题吗？"

这个大贝勒就是代善，是努尔哈赤第一任大福晋佟佳氏所生，他与大妃阿巴亥之间是非亲生的母子关系。不过，代善作为儿子辈，却比母亲辈的阿巴亥还要大 6 岁。

这时，小福晋代音察扑通跪在地上，绘声绘色地描述了最近发生的一切。努尔哈赤听着听着，脸都绿了，就见他眼冒金光，倏地站起来，来回踱着步，然后又坐下，喘着粗气。原来，代音察看汗王不信，便讲了一件非同寻常的事情。

《满文老档》记载："大福晋一日二三次遣人至大贝勒家，如此往来，谅有同谋；大福晋自身，深夜出院，亦已二三次矣。"代音察虽然言之有据，但是，努尔哈赤还是比较谨慎，他立即决定组成专案组，调查此事。

努尔哈赤的后宫中，有一个女人让他恨之入骨，这个女人就是大妃阿巴亥。堂堂大汗，为什么要对自己的大妃恨之入骨呢？原来，这个阿巴亥干了一件很丢人的事情，那就是红杏出墙。

李寅语录

在后宫之中，努尔哈赤对一个女人是处在恨爱之间的，这个女人就是孝慈高皇后，名字叫『孟古姐姐』。

专案组由扈尔汉、额尔德尼、雅逊、蒙阿图四大臣组成，他们立即进行调查取证。

结果很快出来了，代音察的举报属实。这让努尔哈赤无地自容。

于是，努尔哈赤叫来了大妃，令其跪在地上。努尔哈赤道："你还有话要说吗？"

大妃把眼一合，什么也没说。

努尔哈赤本想把她杀掉，太丢人了。但他转念一想，万万不能杀掉这个女人，幸亏自己没有莽撞，否则，真把她杀了，就一切都晚了。努尔哈赤究竟想起了什么，让他如此纠结呢？原来，努尔哈赤想起了两件事。

一是这事不能全怪大妃，自己也有责任。努尔哈赤曾经对大贝勒代善和阿巴亥说过这样的话："我死之后，代善要赡养大妃和她的孩子们。"就是这句话，让这两个同龄人产生了共鸣。

可努尔哈赤为什么要说这样的话呢？原来，满洲有个旧俗，就是"收继婚"。简单地讲，就是一旦丈夫去世，小叔子甚至儿子，可以把女人和孩子财产统统接收过来，当然，这个儿子不会是亲生的。

二是大妃生育的三个儿子还很小，天命五年（1618 年）的时候，阿济格 15 岁，多尔衮 9 岁，多铎才 7 岁。这么小的三个孩子要是失去了母亲，是非常可怜的事情。

想到这儿，努尔哈赤心软了下来，他决定不杀阿巴亥。但是，也不能放任不管啊，必须有一个态度：死罪免了，活罪难逃。

于是，努尔哈赤决定把大妃休离回娘家。就这样，大妃非常凄惨地被休了。

努尔哈赤虽然非常憎恨大妃的红杏出墙，关键时候还是想起了她，一年之后，努尔哈赤非常思念大妃，又把她接了回来，让她再次入主汗王宫，成为这里的女主人。

谁是贼？

天命五年（1618 年），努尔哈赤的后宫之中，有一个贼偷了汗王宫的绸缎、蟒缎、金银，被人告发。一时之间，汗王宫出现了贼，闹得人心惶惶，不得安宁。究竟谁这么大胆子，敢来汗王宫偷东西？

有人说，这个贼不是别人，正是汗王宫的女主人大妃阿巴亥。她不仅偷情，而且偷东西，是个地地道道的贼。可是，也有人认为这个贼不是阿巴亥而是富察·衮代。

衮代是谁呢？衮代姓富察，本是努尔哈赤堂兄威准的女人，她与威准还生育了一个儿子昂阿拉。可是，威准后来战死，按照满洲“收继婚”的习俗，衮代被努尔哈赤接收。嫁过来后，她与努尔哈赤生育了三个子女：莽古尔泰、莽古济格格和德格类。从生子情况看，衮代在汗王宫还是很得宠的。

不仅如此，衮代经常侍寝，侍奉努尔哈赤的起居，偶尔也会参与努尔哈赤的政治生活。万历二十一年（1593 年），九部联军进犯费阿拉城，探子来报。当时，衮代正在努尔哈赤身边。努尔哈赤酣睡不已，衮代气得推醒努尔哈赤道：“你是吓傻了吗？为何在这个时候还呼呼大睡？！”努尔哈赤与之进行了对话。这就是敢作敢为的、性格直率的衮代。

笔者认为，天命五年（1618 年）发生在汗王宫里面的两个事件（偷情和偷窃），应为两个人所为：与大贝勒偷情者，应该是乌拉那拉·阿巴亥；偷窃汗王宫中财物的，应该是富察·衮代。

前文已述，代善与阿巴亥两人年龄相当。天命五年（1618 年），代善 36 岁，阿巴亥 30 岁。而衮代初婚时是努尔哈赤的堂嫂，年龄应该不会小努尔哈赤太多，而这时的努尔哈赤已经 62 岁了。试想，一个三十几岁、风华正茂的壮年人，怎么会和一个年逾花甲之年的老妪红杏出墙呢？

对于衮代，已逾花甲之年，在汗王宫中失宠。老汗王努尔哈赤妃嫔成群，自然宠幸年轻貌美之人，像衮代这样年老色衰之人，被冷落一旁。以常理推之，失宠的老妪，必然要顾虑日后的生活，多多存些财物，生活才有保证。而对于阿巴亥来说，年轻貌美，正当宠幸，无须顾虑日后生活。

相关资料中对于衮代偷窃汗王宫财物的事情，留下了记录。《清皇室四谱》记载:“天命五年二月，以窃藏金帛，迫令大归。”这段记录，清楚地说明了是衮代偷窃了汗王宫财物，而不是阿巴亥。

可是，关于衮代的结局，说法纷纭。有一种说法是，天命五年（1618年）二月，衮代先被努尔哈赤遣送回籍，后被处死。

要说，衮代偷窃了汗王宫财物，是一件既丢人又恼人的事情，无异于对努尔哈赤的背叛，努尔哈赤憎恨衮代是必然的。可是，以多年的夫妻情分，加之生育了那么多子女，处死衮代的可能性并不大。衮代之死便成为一宗谜案。

恰巧，皇太极即位之后，天聪初年，衮代之子莽古尔泰与皇太极发生冲突，发生了“御前露刃”事件。皇太极一怒之下，当众揭丑，痛斥莽古尔泰品质恶劣，说他当年为了在努尔哈赤面前邀宠，居然杀死了亲生母亲衮代。

恨之又恨

在后宫之中，努尔哈赤对一个女人是处在恨爱之间的，这个女人就是孝慈高皇后，名字叫“孟古姐姐”。

孟古姐姐姓叶赫那拉，生于明万历三年（1575年），比努尔哈赤小十六岁。她的父亲是叶赫部贝勒杨吉努。孟古姐姐还有三个兄弟非常有名气：哥哥纳林布禄、堂兄布寨、弟弟锦台什。

开始的时候，努尔哈赤应该感谢叶赫部，感谢叶赫部首领杨吉努。杨吉努看上了努尔哈赤，觉得这个年轻人有前途，便想把女儿嫁给他，但说要让他等一等。努尔哈赤有些不解。杨吉努说大女儿配不上努尔哈赤，而他的小女儿品貌端庄，举止落落大方，与努尔哈赤堪称天作之合。

这个小女儿就是孟古姐姐。万历十六年（1588 年）九月，她十四岁的时候，父亲杨吉努早已去世；哥哥孟格布禄负责护送妹妹来到建州，嫁给了已经三十岁的努尔哈赤。过了四年，到万历二十年（1592 年）十月二十五日，他们的婚姻开花结果，努尔哈赤的第八子皇太极出生。至此，努尔哈赤对叶赫部、对孟格布禄、对孟古姐姐等所有与叶赫有关的人，都还是心存感激，爱意满满的。

可是，仅仅过了一年，到万历二十一年（1593 年），形势急转直下。

努尔哈赤的大舅子布寨、纳林布禄居然纠集九部联军侵犯建州，大兵压境，要置努尔哈赤于死地。可惜，在古勒山大战中，九部联军一败涂地，布寨阵亡，纳林布禄狼狈逃回叶赫部。再后来，又发生了一件双方无法挽回的事件。

叶赫部向努尔哈赤索要布寨的尸首，努尔哈赤将尸体一劈两半，一半留在建州，一半还给叶赫部。这件事儿，让纳林布禄怒不可遏，觉得努尔哈赤不仅残酷，不顾亲情，而且颜面大失，恨死了努尔哈赤。《叶赫国贝勒家乘》记载："因念兄仇，昼夜哭泣，不进饮食，郁郁成疾。"

纳林布禄把努尔哈赤视为第一号敌人，国恨家仇，集于一身，看来无法挽回。对于努尔哈赤也是一样，他把叶赫和纳林布禄视为大仇敌，不共戴天。当叶赫索要布寨尸首的时候，努尔哈赤做出了不近人情的决定：一劈两半。这样，努尔哈赤与纳林布禄、建州与叶赫，双方在不理智的情况下，结下了深仇大怨。

孟古姐姐抱着尚在襁褓中的皇太极，倍感无助。她一会儿担心母家兄弟来报仇；一会儿担心丈夫努尔哈赤会兴兵讨伐叶赫；一会儿又担心两国的仇怨会影响到孩子将来的前途；一会儿她又非常思念亲生母亲，她还好吗？会不会也像自己一样，担心、忧郁、失望、恐惧交织在一起，扰累了自己的身体呢？

就这样，年复一年，日复一日，孟古姐姐在忧虑中病倒了。消息传到努尔哈赤那里，他急忙赶过来。努尔哈赤知道自己做得过分了，他没有考虑孟古姐姐的感受。不管怎么样，孟古姐姐是无辜的，尤其第八子尚年幼，必须给他们母子一颗定心丸。《满文老档》记载：“四贝勒乃为父我之爱妻所生之唯一后嗣，故不胜爱怜。”

可是，一切都晚了，孟古姐姐的病根落下了，伤口很难愈合。到万历三十一年（1603 年），病体沉重，眼看不治。努尔哈赤陪伴着她，想听听她有什么要求。孟古姐姐说要在走之前，看一眼亲生母亲。

这本是人之常情。白发人送黑发人，母亲送女儿，撕心裂肺，况且，自孟古嫁过来之后，由于两国关系紧张，从未见过面。

努尔哈赤必须满足孟古的这个要求。如何实现呢？已经与纳林布禄结下了深仇大恨，如何开口呢？努尔哈赤还是厚脸向纳林布禄提出了这个要求。结果，正如努尔哈赤早就预料到的一样，遭到纳林布禄的无情拒绝。

《清列朝后妃传稿》记载：“孝慈皇后病笃，思见母。上遣使至叶赫迎之；后兄贝勒纳林布禄不许，止令仆人南太来视。”临终之际，见不到亲生母亲，只有母亲身边的仆人南太，孟古落下了悲凉的眼泪。她睁着眼睛，淌着晶莹的泪珠，离开了人世，年仅二十九岁。这一年，他的儿子皇太极也只有十二岁。

努尔哈赤放声大哭，决定厚葬爱妻：

四个侍女殉葬，在另外一个世界继续侍奉孟古。

随身携带。努尔哈赤不忍下葬爱妻的骨殖，他走到哪里，就带到哪里，一直安置在自己的身边。三年后，才同意葬到尼雅满山岗。

忌口。孟古死后，努尔哈赤在一个月内不喝酒，不吃肉，表达对爱妻的无限思念。

所有这一切，在努尔哈赤的心里，积淀成一股怒火，一股仇恨。越积越大，越积越深，总有一天，建州与叶赫，努尔哈赤与纳林布禄会爆发一场你死我活的战争。

『小乙』伤情

“小乙”是“小乙可赤”的简称，而“小乙可赤”则是朝鲜人对舒尔哈齐的称谓。这个“小乙”与努尔哈赤乃一母所生，两人却在历史的发展中积怨成仇。是“小乙”伤了哥哥，还是哥哥罔顾了亲情？

依　赖

明嘉靖四十三年（1564 年），舒尔哈齐出生，母亲为建州右卫都指挥使王杲的长女额穆齐，这一年，努尔哈赤已经六岁了。

舒尔哈齐在塔克世诸子中排行第三，处在中间的位置上，由于年龄很小，不会有什么倾向性。可是，一件意外事件的发生，让小小的舒尔哈齐必须做出选择。

明隆庆二年（1568 年），塔克世家发生了很不幸的事件：喜塔腊氏病逝，这一年，她的两个儿子一个十岁，一个五岁。小哥俩如坠入万丈深渊，呼天不灵，喊地不应。

不幸接踵而至，他们的继母刻薄寡恩，这时的塔克世家由那拉氏掌家。那拉氏非常刻薄，对这两个非亲生孩子毫无感情，处处找碴儿。努尔哈赤兄弟尽管非常勤快努力，但无济于事。而他们的父亲塔克世又非常软弱，事事受制于那拉氏，无法保护这两个年幼的孩子。

刚刚五六岁的舒尔哈齐从此便跟随哥哥努尔哈赤，为了生计而四处劳作、奔波。尽管如此，继母那拉氏仍然没有转变对兄弟俩的态度。

怎么办呢？努尔哈赤是个很有主见的哥哥，虽然只有十岁，自尊心却非常强。他再也无法忍耐继母的虐待，和弟弟商量着到外祖父王杲家里去，或许比这里要好些。

舒尔哈齐根本听不懂，他太小了，五岁的稚童能懂什么？只是不住地点头，此外无他。于是，两个孩子背井离乡，来到外祖父王杲的家里，过起了寄人篱下的生活。在这里，舒尔哈齐处处看着哥哥的眼色，什么时间吃饭，什么时间休息，什么时间玩耍，都要由哥哥做主，哥哥成了他唯一的保护伞和主心骨。

可是，即使寄人篱下的日子也没能长久。万历二年（1583 年），明朝辽东总兵李成梁率军攻破王杲的寨子，又一场灾难降临了，李成梁杀红了眼，千余人被杀，王杲在混乱中逃亡，努尔哈赤和舒尔哈齐双双被俘，在李成梁帐下被充作幼丁，随军征战，备受兵乱之苦。这一年，努尔哈赤十六岁，舒尔哈齐十一岁。

再过几年，一件触击兄弟俩灵魂的战争发生了。万历十一年（1583 年），李成梁发大兵进攻古勒寨，努尔哈赤的父祖觉昌安和塔克世被明军误杀，死于战火。一时之间，努尔哈赤家里处在六神无主、家破人亡的悲凉气氛之中。这一年，努尔哈赤二十五岁，舒尔哈齐二十岁。

何去何从，努尔哈赤征询弟弟舒尔哈齐的建议，舒尔哈齐虽然已经长大成人，但是，多年的依附使他对哥哥产生严重的依赖心理：“听你的，你说怎么办，就怎么办！”舒尔哈齐肯定地回复哥哥。

经过一番深思熟虑，两人决定打道回府，主持家务。首要的任务是为父祖报仇。于是，在这年的五月，哥俩拉起了一支百余人的队伍，以祖父遗留下的“十三副遗甲”起兵。他们的目标越来越明确，事业风生水起。

阋 墙

努尔哈赤与舒尔哈齐兄弟，不仅同苦，而且同甘。哥哥非常注意让自己的亲弟弟得到实惠。

兄弟俩起兵十年后，军力发展到一万五千余人，其中努尔哈赤一万余人，舒尔哈齐五千余人。这是努尔哈赤留给弟弟的本钱，不然，以舒尔哈齐的能力，是不会有如此势力的。《李朝宣祖实录》记载：“老乙可赤麾下万余名，小乙可赤麾下五千余名。”

不仅如此，努尔哈赤有意让弟弟走出去，开阔视野，增长见识。从万历二十三年（1595年）开始，派舒尔哈齐赴京朝贡，在那里，舒尔哈赤见到了宽敞的街道，气派的屋舍，明朝的官员，真正是大开眼界。尤其是明朝廷给他大量赏赐，并得以与朝廷命官同桌赴宴。他得到的太多了。此后，他多次进京朝贡。在北京，他已经轻车熟路了，见谁，怎么说话，如何行礼，该得到什么赏赐等，他都一清二楚。

关键是，舒尔哈齐逐渐走到了努尔哈赤的对立面，让哥哥努尔哈赤非常失望。

一是产生了政治野心。

舒尔哈齐看到，哥哥乾纲独断，事事自己说了算，一言九鼎，很少和他商量；哥哥的实惠大于自己，战争所得总是少于哥哥；尤其是哥哥的军队数量，大大超过自己。所有这一切，让舒尔哈齐感觉不舒服。他曾经露骨地叮嘱朝鲜使节，在他俩的政治、经济待遇上要尽量统一，他要与哥哥平分秋色的野心与日俱增。

二是政治立场严重偏离。

舒尔哈齐感恩于明朝的赏赐，在政治态度上越来越倾向于明朝。他除了积极地与明朝发展密切关系之外，还与明朝官员联姻。李成梁儿子李如柏娶了舒尔哈齐的女儿为妾，使双方关系更为紧密。万历三十三年（1605年），舒尔哈齐的妻子病故，李成梁父子准备了丰厚的祭礼前去治丧，备极隆重。面对明朝的恩宠，舒尔哈齐决心依靠明朝为后台。他的这种政治立场，与努尔哈赤之间出现了严重分歧。

三是壮大自己的势力。

舒尔哈齐通过政治联姻的形式，加强与各个女真部落的联系，扩大他的个人实力和影响。万历二十四年（1596年）他娶了乌拉部落的贝勒布占泰的妹妹为妻，第二年他又将自己的女儿娥恩哲嫁给了布占泰。

四是他的家室妻妾成群，子女成群，大首领的派头十足。

舒尔哈齐妻妾成群，嫡福晋佟佳氏，侧福晋至少10位：哈达那拉氏、富察氏、瓜尔佳氏、乌拉那拉氏、那拉氏、辉发那拉氏、西林觉罗氏、董鄂氏、阿颜觉罗氏等。这样，舒尔哈齐的儿子达到9位：长子阿尔通阿、次子阿敏、三子扎萨克图、四子图伦、五子寨桑武、六子济尔哈朗、七子诺穆岱、八子费扬武、九子瑙岱。女儿有12位之多。这样庞大的家族势力，使舒尔哈齐派头十足，俨然一个财大气粗的大贝勒、大首领。

就这样，不经意间，努尔哈赤兄弟间产生了裂痕。

开杀戒

实际上，努尔哈赤与舒尔哈齐之间早就产生了矛盾，并由此而公开化。

万历二十七年（1599年），努尔哈赤统大兵征伐哈达部。舒尔哈齐立功心切，主动要求领兵一千打前锋。可是，当他看见哈达兵早有防备时又非常胆怯，按兵不动。《满洲实录》记载：“此来岂为城中无备耶？”努尔哈赤当时就勃然大怒，斥责舒尔哈齐。

努尔哈赤由此知道了舒尔哈齐在关键时刻胆小怕敌，很是反感。

万历三十五年（1608年）三月，居住在斐优城的一小支女真部落，由于不堪忍受邻近的乌拉部的奴役，想来依附努尔哈赤。努尔哈赤派出了舒尔哈齐和自己的儿子褚英、代善，将领费英东、扬古利、常书、扈尔汉领兵三千，前往斐优城收编该部。当舒尔哈齐等人行至半途的时候，帅旗上突现一缕淡淡的幽光，舒尔哈齐又害怕了，想要退兵。在褚英、代善的坚决反对下，只能作罢。当他们完成任务，带领五百户人丁返回建州的时候，乌拉贝勒布占泰带领一万骑兵赶来拦击，双方军队摆出了交战的阵势。这时，舒尔哈齐却带着自己属下的五百人退到了一边。原来，他不想破坏与布占泰的姻亲关系，加之他胆怯的老毛病，便退居一边，他的部下常书、纳齐布也没有加入战斗。

努尔哈赤得知此事，便大做文章，他想借此打压舒尔哈齐的政治势力。

努尔哈赤：“常书、纳齐布临阵退缩，理应处死。”

舒尔哈齐：“不行，事出有因。还请看在我的面子上，饶了他们。”

努尔哈赤：“什么叫‘事出有因’？就是贪生怕死，我军一向鼓励英勇作战，怯战怕死之徒必要处死！”

舒尔哈齐：“要处死他们，你先杀了我吧！”

就这样，双方相持不下，严重对立。努尔哈赤照顾了弟弟的面子，做出了让步，只罚了常书一百两黄金，夺了纳齐布下属的人马。但是，以此剥夺了舒尔哈齐指挥军队的权力，将他驱逐出最高军事领导层。

舒尔哈齐感到了绝望，认为再与哥哥干已经没有前途了。于是，他与长子阿尔通阿、三子扎萨克图商议，图谋另立门户。他们拉起了一支队伍，来到了铁岭东南的黑扯木，在那里伐木建造房屋，开辟新的根据地。舒尔哈齐的做法，引起了明朝的关注，努尔哈赤也意识到了，便想做弟弟的思想工作。

努力失败了，努尔哈赤别无选择，他要采取极端手段，解决这个让他头疼的家事。万历三十七年（1610 年）三月，舒尔哈齐的两个儿子阿尔通阿、扎萨克图被努尔哈赤诛杀，部将武尔坤被吊到树上，活活烧死。对于亲弟弟舒尔哈齐，则采取了迂回之术，先行逮捕。

《建夷考》记载：“招弟饮会，入于寝室，锒铛之，铸铁键其户，仅容二穴，通饮食，出便溺。”努尔哈赤精心设置鸿门宴，引诱舒尔哈齐上套，使其锒铛入狱，残酷虐待他，还以同样的办法，诱使舒尔哈齐的两个铁杆粉上当，逮捕后斩杀。

万历三十九年（1612 年）八月十九日，舒尔哈齐死了，是被哥哥杀死还是在囚室中自毙，无人知晓。

伤太子

努尔哈赤伤心的事情，还有他的“太子”们。他的事业如火如荼，风生水起，自然引人注目。尤其在他花甲之年以后，更加留意“太子”人选，可是，总也不遂人愿。从褚英到代善，从代善到皇太极，都让他非常伤心和失望。

食　子

俗话说“虎毒不食子”，可是，努尔哈赤的一个儿子却被他吃掉了，这个儿子就是他的长子褚英。

褚英，万历八年（1580年）生，母亲为努尔哈赤的元妃佟佳氏。努尔哈赤二十一岁起兵时，褚英只有四岁。所以，幼年的褚英一直生活在动荡不安的环境里。每当敌兵袭来，努尔哈赤就把他藏到柜子里、炕洞里，就这样一次次躲过敌兵的袭击。这种经历也使褚英得到了历练，养成了超乎常人的胆量。

褚英从十九岁开始带兵打仗，他攻城略地，所向披靡，屡立战功，多次得到赏赐。万历二十九年（1601 年），攻打叶赫安楚拉库，大获全胜，赐给“洪巴图鲁”称号，巴图鲁，就是“勇士”的意思。万历三十五年（1607 年），与乌拉部激战，取得乌碣岩大捷，努尔哈赤赐给他“阿尔哈图土门”称号。这个封号的汉意是“万计”，也就是足智多谋，所以又称之为“广略贝勒”，足见褚英很有谋略。

可以想见，褚英不仅有胆略，还有谋略，努尔哈赤会何等喜爱。万历四十年（1612 年）六月，努尔哈赤大肆赏赐褚英：赐给他国人 500 户，牲畜 800 只，银 1 万两，敕书 80 道，并宣布授予褚英执政大权。很显然，褚英被努尔哈赤确定为事业接班人，也就是所谓的“太子”。褚英的事业达到了巅峰。

然而，褚英虽然被定为储位，却存在许多致命弱点。比如，心胸狭隘、野心勃勃、猜忌多疑等。尤其在以后的发展过程中，与两股势力发生了严重对立。

一股势力是“军功大臣”。这股势力主要包括努尔哈赤的生死之交、开国元勋，为努尔哈赤夺得天下立过汗马功劳。主要有额亦都、费英东、扈尔汉、何和礼、安费扬古五大臣。这五位功臣，努尔哈赤也要礼让三分，可是，褚英却对其有凌辱之举。并说下狠话：“如果你们谁敢同我作对，一旦我继汗位，定杀无赦。”使各位军功大臣十分惶恐。

另一股势力是“四大贝勒”。这四大贝勒是努尔哈赤次子代善、侄子阿敏（舒尔哈齐次子）、五子莽古尔泰、八子皇太极。这四大贝勒势力很强大，也很得努尔哈赤的信赖，各有靠山。但是，褚英倚仗自己的地位，多次威胁各位贝勒。一天夜里，他把兄弟们集合到一起，威胁说：“凡是与我不和的贝勒，我即位后，就要诛杀他！父汗赐给你们的财产马匹，等父汗去世后，统统收回。”并强迫他们要对天发誓，还不准把这些告诉努尔哈赤，否则，就要受到惩罚。

上述两股势力开始联合起来，不然，难以对付褚英，将来可就麻烦了。于是，他们采取了措施，联合起来，向努尔哈赤告状。

努尔哈赤虽然开始很信任长子褚英，但是，当军功大臣和四大贝勒一起状告褚英种种不法情状的时候，努尔哈赤也意识到褚英威胁到了自己，于是，努尔哈赤处罚了褚英：瓜分褚英的人口、牲畜、田产给四大贝勒，不再让褚英干预政事，不再命他领兵出征。

按理，这个时候，褚英应该静下心来想对策，最起码应该韬光养晦。可他居然做了一件最糊涂的事情，那就是铤而走险，趁着努尔哈赤带兵出征乌拉之际，向上天祷告，诅咒父亲，诅咒兄弟，诅咒五大臣，并说，如果他们战败，就不让他们进城。消息被人告发到努尔哈赤那里，努尔哈赤大怒，因为褚英的做法已经超越了他的心理底线，他决定除掉这个逆子。

万历四十一年（1613 年）三月二十六日，努尔哈赤命将长子褚英幽禁在高墙之中。万历四十三年（1615 年）努尔哈赤经过将近两年的思索，他的结论是什么，对自己这个亲生骨肉要怎么处置呢？

《满文老档》记载：“经过二年多之深思，虑及长子若生存，必会败坏国家。”于是在这年的八月二十二日，刚刚过完中秋节，努尔哈赤就下达了处死褚英的命令，这时褚英仅三十六岁。

侥幸逃生

褚英死后，努尔哈赤必须另外选择合适的儿子作为“太子”，准备将来接班。几经权衡，次子代善进入视野。代善，努尔哈赤次子，生于万历

十一年（1583年），与兄长褚英均为努尔哈赤的元妃佟佳氏所生。

代善领满洲两红旗（正红旗、镶红旗），在征伐女真各部、蒙古与明朝的战争中屡立战功。

万历二十七年（1599年），十六岁的代善第一次跟随努尔哈赤从征哈达、辉发等国，论军功封贝勒。

万历三十五年（1607年），代善与长兄褚英奉命随叔父舒尔哈齐，与费英东、扈尔汉、扬古利等领兵三千，往斐优城，迎接东海女真瓦尔喀部部众归附。面对乌拉大军突袭的严重威胁，代善勇敢面对，激励将士奋勇杀敌，取得胜利。凯旋以后，努尔哈赤赐予代善“古英巴图鲁”称号。“古英”乃满文音译，意为“刀把顶上镶钉的帽子铁”。

万历四十一年（1613年）正月，代善随努尔哈赤出征乌拉部。面对强敌，代善向努尔哈赤提出速战速决、诱敌出城、野战厮杀的战略，被采纳，取得大捷。

天命元年（1616年）正月初一，努尔哈赤正式建立后金国，叙群臣功，代善与堂弟阿敏、五弟莽古尔泰、八弟皇太极被努尔哈赤封为和硕贝勒，以年龄为序，代善被称为“大贝勒”。

努尔哈赤处死褚英之后，对代善倍加重视，俨然视之为“太子”。他曾经对代善说：“我殁后，你要主持家务。那些小弟弟、小妹妹们还有大妃都交给你，由你来抚养。”这是努尔哈赤按照满洲在关外“收继婚”习俗所做的安排，以此表明代善接班人的“太子”之位。

正因为这样，代善“高处不胜寒”，他由此而历经险患。

首先是父汗的险患。

代善应该知道，他的哥哥褚英被父汗杀掉，是一个血腥的前车之鉴，必须吸取教训，免遭不测。可是，代善行为不检点，没有汲取褚英的教训，做了很多错事。关键是，他直接触犯到了努尔哈赤的利益，较之褚英，有过之而无不及。这样，代善就很危险了。

发生了两件不测事件。

一件事是“勾引大妃”事件。

天命五年（1621年），在界凡城发生的偶然事件，被努尔哈赤的小福晋阿济根和代音察告发。努尔哈赤异常恼怒，心想：我虽然说过由你来扶养大妃，但那也得到我死之后啊。我还活着呢，你就这样放肆，岂有此理！努尔哈赤恨得咬牙切齿。

另一件事是“虐待亲子”事件。

天命五年（1621年）三四月，后金国准备从界凡城迁居萨尔浒城，努尔哈赤视察并指定各贝勒兴建府邸的宅地。代善看到其长子岳托修整好的宅地比自己的好，就先后让莽古尔泰和阿敏为自己请命说自己所居之地狭小，意欲霸占岳托的宅地。另外，九月初三，代善次子硕托因为无法忍受代善的虐待而突然失踪，有人说其“叛逃”投明朝而去。在还未确定硕托是否叛逃时，代善即一口咬定硕托有叛逃之心，向努尔哈赤多次请求斩杀硕托，以此洗清自己，代善的要求遭到了拒绝，努尔哈赤释放了硕托。努尔哈赤由此调查代善给予两个前妻之子的待遇问题，发现代善之子岳托、硕托所领有的资产均比其他的异母弟弟差，努尔哈赤因此确定，代善虐待亲子。

努尔哈赤思虑再三，最终理智战胜了愤怒，他没有再动杀子之心，而是妥善进行了处理。

代善虽然保住了性命，没像褚英那样被父汗杀掉，可是接班人的资格被取消了。

其次是兄弟的险患。

代善虽被废掉太子之位，但是他的地位和势力仍然非常大，远远超过其他兄弟。加之，努尔哈赤并没有确定其他接班人，代善仍然处在“高处不胜寒”的危险境地，他再次遭到了兄弟们的觊觎。

天命六年（1622年）九月，努尔哈赤向其从弟、正黄旗固山额真阿敦秘密咨询众子中可为“太子”者。阿敦先向努尔哈赤推荐皇太极，后又向代善泄露消息，说皇太极与莽古尔泰、阿济格将要起事，杀死代善。

代善极为惶恐，危在旦夕，赶忙跑到父汗那里，哭着诉说，请求父汗保护。努尔哈赤感到了事态的严重性，立即招来三个儿子询问此事。可是，谁敢承认呢？

努尔哈赤经过深思熟虑，对阿敦进行了处理，把他囚禁起来，平息事件。但他转念一想，阿敦所说不无道理，包括代善在内的几个儿子中，皇太极最危险，因为他最有希望继承汗位，成为接班人。朝鲜《李朝实录》中的女真史料选编中记载：“恃其父之偏爱，潜怀弑兄之计。”皇太极也想杀掉代善，这是千真万确的事情。代善非常危险，必须格外小心。

最终是他

由谁来继承汗位呢？努尔哈赤已经60多岁了，这个问题必须解决。

褚英被杀掉了。

四大贝勒和五大臣共同上告到努尔哈赤那里，加之褚英自己在关键时刻做了一件大错事，不仅丧失了“太子”之位，连性命都丢掉了。

代善被废掉了。

努尔哈赤还是从四大贝勒中选择了最优秀的代善，作为褚英的继任者。于是，代善便和褚英一样，马上成为众矢之的。他终于被人算计，无论代善与大妃之间的“红杏出墙”事件，还是代善虐待亲子事件，都被人无限放大，导致努尔哈赤废掉了代善的“太子”之位。

努尔哈赤意想不到的是，代善居然是众望所归。在人们的眼中，代善是最合适的接班人。这究竟是怎么回事儿呢？

原来，在人们眼中，代善有“宽柔”的性格特征，大家不管有什么事，都愿意委托代善，尤其是常年战争，征伐过程中，好多人死于战火，百姓深受其害。人们企盼着，如果仁慈的代善继位，或许会减少战火，大家实在是太厌倦战争，也太疲劳了。这就是人心所向。《光海君日记》记载：“贵盈哥必代其父。”

由代善继位，努尔哈赤倒没什么，有一个人却很敏感，简直到了窒息的程度，他暗下决心：一定要想方设法，阻止这个事态发展；实在不行，还可以采取非常措施。这个人就是努尔哈赤第八子、四大贝勒之末的皇太极。

皇太极琢磨着代善如果做不成“太子”，这个“太子”之位就非他莫属了。大家可以采用排除法，看看是不是这样。

“四大贝勒”为代善、阿敏、莽古尔泰、皇太极。代善被废掉了；阿敏是努尔哈赤的侄子，不具备接班的条件；莽古尔泰性格鲁莽，曾经做出“杀母”的蠢事，努尔哈赤不会让他接班，人们也不会接受他。最后，就只有皇太极了。

于是，皇太极与代善之间，争夺“太子”之位烽烟再起。

发生了两个不测事件：

一是“弑兄事件”。皇太极企图采用暴力手段，除掉代善。代善得到消息之后，不采取应对措施，而是吓得到努尔哈赤那里哭泣，软弱的性格特征暴露无遗。

二是“乌尔古岱事件”。天命七年（1623年）八月，乌尔古岱额驸收到一笔黄金，是汉族官员馈赠的礼金。乌尔古岱立即向正在值班的皇太极汇报，征求他的意见。按理，皇太极应该通报给其他三大贝勒，并向努尔哈赤报告此事，等待处理意见。可是，皇太极居然命令乌尔古岱谁都不要说，把这些黄金私留下来，作为将来成就大事的经费。这件事最终被

努尔哈赤查出，引起了努尔哈赤的极大反感，认识到他为了与代善争夺“太子”之位，不择手段。努尔哈赤严厉痛斥皇太极，表明了自己的严正立场。

《满文老档》记载：“置众兄于不顾，尔欲为汗乎？”努尔哈赤此言一发，表明他并不认可皇太极的做法，在一定程度上断了皇太极企图继位的念头。皇太极吓坏了，赶忙采取措施，挽回损失。天命八年（1624年）八月二十日，皇太极给父汗写奏书，忏悔自己的过错，表示一定要痛改前非。努尔哈赤览奏，哈哈大笑，夸赞他知错就改，是个“好同志”。就这样，一场轩然大波，在皇太极的努力下，烟消云散了。

最终，代善还是在这场斗争中，宣布败北。

一波未平一波又起，努尔哈赤没想到的事情又发生了：不仅四大贝勒在争夺汗位继承权，小贝勒们也蠢蠢欲动，觊觎大位。大妃之子多尔衮仰仗父汗的宠爱，以生母大妃为靠山，对汗位跃跃欲试。这一点，朝鲜使节们看得最清楚，他们预测，努尔哈赤去世后，会由年仅十五岁的多尔衮继立，年长的代善摄政辅佐。

这是一场较量，谁会胜出呢？

俗话说“狭路相逢勇者胜，勇者相逢智者胜”，皇太极就是一位“勇者＋智者”。他采用各种手段，逐个清除掉障碍，即使是努尔哈赤的大妃也不放过，免得她日后拥子作乱。

天命十一年（1627年）八月十一日，努尔哈赤病逝。第二天，年仅三十七岁的大妃阿巴亥被皇太极等人逼迫殉葬。大妃反抗，态度坚决。但无济于事，连大妃的“知音”、皇太极的竞争对手代善都参与了逼迫大妃殉葬的活动。大妃死了，代善心甘情愿地拥立皇太极继位：“汝智勇胜于我，汝需代立。”皇太极于是堂而皇之地接受了大家的“劝进”，继承努尔哈赤的汗位，成为后金的接班人。